TVZ

Diese Worte in ihrem Herzen

Diese Worte in ihrem Herzen

Berner Weihnachtsgeschichten

Herausgegeben von
Brigitte Affolter und Conradin Conzetti

Mit Illustrationen von Martin Stüdeli

T V Z
Theologischer Verlag Zürich

Publiziert mit freundlicher Unterstützung der Reformierten Kirchen Bern-Jura-Solothurn und der Christkatholischen Landeskirche des Kantons Bern.

**Reformierte Kirchen
Bern-Jura-Solothurn
Eglises réformées
Berne-Jura-Soleure**

Eglise catholique-chrétienne de la Suisse
Christkatholische Kirche der Schweiz

Bibliografische Informationen der Deutschen Nationalbibliothek
Die Deutsche Nationalbibliothek verzeichnet diese Publikation in der Deutschen Nationalbibliografie; detaillierte bibliografische Daten sind im Internet über http://dnb.d-nb.de abrufbar.

Umschlaggestaltung
Mario Moths, unter Verwendung einer Illustration von Martin Stüdeli

Illustrationen
Martin Stüdeli © 2dbild, Bern

Satz und Layout
Mario Moths, Marl

Druck
Rosch-Buch GmbH, Scheßlitz

ISBN 978-3-290-17769-0
© 2014 Theologischer Verlag Zürich
www.tvz-verlag.ch

Inhalt

Vorwort

Weihnachtsgeschichten, immer wieder neue? Klar, im Unterricht, am Altersnachmittag, im Gottesdienst und unterm Weihnachtsbaum lesen oder erzählen wir jedes Jahr Geschichten. Zeitgemäss, berührend und theologisch fundiert sollen sie sein, zum Nachdenken oder Schmunzeln einladen und nicht süsslich, veraltet oder allzu gesucht erscheinen.

Wir haben 24 Erzählungen gesammelt: geschrieben von alten und jungen, deutsch- und französischsprachigen, reformierten, christ- und römisch-katholischen Pfarrerinnen und Pfarrern und von kirchennahen Menschen aus dem Gebiet der Reformierten Kirchen Bern-Jura-Solothurn.

Wir legen sie vor unter dem Titel: «Diese Worte in ihrem Herzen». Gemäss dem Lukasevangelium hörte Maria von den Hirten und Engeln Wundersames über ihr Neugeborenes: In diesem Kind sei Gott Mensch geworden. Diese Worte behielt sie in ihrem Herzen, «bewegte» und «erwägte» sie, oder sie hatte «drann ume gsinnet».

Um das Zusammenfügen von Mensch und Gott in diesem Kind kreisen seit Jahrhunderten die Weihnachtsgeschichten; dieses suchen sie zu erzählen und zu erklären, zu loben und zu vertiefen, zu fantasieren und zu vergegenwärtigen; daraus ziehen sie Folgerungen. So auch unsere Geschichten.

Überrascht und erfreut sind wir über die Vielfalt der 24 Geschichten und Gedichte. Ein Zeichen dafür, wie ungebrochen kreativ die Legende der Weihnachtsgeschichte wirkt. Viele der Beiträge in diesem Band erzählen von Wärme in kalten Zeiten. Andere spielen mit den Legenden der Geburt und der Weisen aus dem Morgenland. Sodann legen wir einige experimentelle Texte vor. Diese wagen sich versuchsweise von den bisherigen, klassischen Formen der Weihnachtsgeschichten weiter weg und überraschen, fordern heraus und erfreuen mit ungewohnten Inhalten und Schreibweisen. Schliesslich beinhaltet das Bändchen auch persönliche Betrachtungen zu Weihnachten; sie sind durch grosse Anführungszeichen markiert. Diese sind keine Geschichten im klassischen Sinn mit Haupt- und Nebenfiguren und einem fortlaufenden Geschehen.

Die Illustrationen von Martin Stüdeli laden dazu ein, den Blick zu öffnen und die Geschichten auf andere Weise zu ergänzen.

Wir danken allen, die zu diesen «Worten in ihrem Herzen» beigetragen haben, den Autorinnen und Autoren, dem Illustrator sowie dem Theologischen Verlag Zürich mit seinen Lektorinnen Bigna Hauser und Corinne Auf der Maur.

Brigitte Affolter und Conradin Conzetti

« *Un matin, son grand-papa arrive vers lui la main fermée :*
« *Regarde, j'ai un trésor !* »

*Bastien est impatient de découvrir ce qui se cache dans la
main de son grand-papa. Ce dernier l'ouvre et il découvre une
toute petite graine.* »

Nous avons assemblé 24 contes de Noël écrits en allemand et
en français, par des personnes de tous âges, qui assument un
ministère dans une des Eglises reconnues dans le canton de
Berne (Eglise catholique-chrétienne, Eglise catholique romaine
et Eglises réformées Berne-Jura-Soleure), ou proches d'elles.

Nous les publions sous le titre : « Ces mots dans son cœur ».
Selon l'évangile de Saint Luc un ange du Seigneur parut aux
bergers qui portèrent la merveilleuse nouvelle de la naissance
du nouveau-né à l'étable : il vous est né aujourd'hui dans la ville
de David, un Sauveur, qui est le Christ Seigneur.

Ce sont ces mots, que Marie garde dans son cœur, en vivant
et en réfléchissant leur signification.

Persuadés que nous avons de nouveau besoin de contes de
Noël, nous sommes ravis de vous présenter un riche choix.
Plusieurs de ces histoires parlent de chaleur en périodes froi-
des. D'autres ont pour thème les légendes de la naissance et
des rois mages. Puis, nous vous présentons quelques textes

expérimentaux. Ceux-ci s'éloignent à titre d'essai de la forme classique des histoires de Noël; ils nous surprennent, nous défient et nous font plaisir grâce à des contenus et des styles inhabituels. Finalement, le livre contient également des considérations personnelles concernant Noël; vous les trouverez entre grands guillemets. Il ne s'agit pas d'histoires au sens classique du mot avec des personnages principaux et secondaires et une histoire suivie.

Nous remercions beaucoup les auteurs, les lectrices Bigna Hauser et Corinne Auf der Maur, l'Edition TVZ, et finalement Martin Stüdeli, qui a magnifiquement illustré les contes.

Brigitte Affolter et Conradin Conzetti

Fotis will heute feiern

Andreas nannte sein Zimmer «das Loch». Als ich im Tiefparterre jenes Wohnblocks in Athen auf dem fleckigen Sofa sass, verstand ich, warum. Von der Decke hing eine nackte Glühbirne. Es gab weder Stühle noch ein Bett, und ich vermutete, dass Andreas auf dem Sofa zu schlafen pflegte. Die einzige Zierde in dem schmucklosen Zimmer war eine kleine Ikone von der heiligen Gottesmutter, die geduldig leidend auf uns herabblickte. In der einen Ecke stand der Fernseher, der unbeachtet lief, in der anderen Ecke befand sich ein kleiner Holzofen. Ein Aluminiumrohr diente als Rauchabzug, es führte durch ein Loch im Fenster hinauf auf die Strasse. Trotz dieser Vorrichtung roch es penetrant nach Rauch. Vor uns auf dem niedrigen Tischchen drohte der Aschenbecher überzuquellen. Andreas schenkte aus der PET-Flasche Wein nach, Fotis zündete sich eine neue Zigarette an, wir tranken schweigend. Draussen hatte feiner Regen eingesetzt.

Andreas hatte es nicht leicht gehabt in den letzten Monaten. Die Finanzkrise hat das Kleidergeschäft, in dem er arbeitete, hart getroffen. Seit dem Sommer musste er mit der Hälfte des ursprünglichen Lohnes leben. Auch das Weihnachtsgeld war dieses Jahr weggefallen. «Es sieht übel aus», hatte er mir gesagt.

Fotis war Schauspieler. Er behauptete stets, er sei früher auf den bekanntesten Bühnen in ganz Griechenland aufgetreten, und ich wusste nie, ob ich ihm glauben sollte. Offenbar hatte er einige Jahre am Omoniaplatz eine Schauspielschule betrieben, die er dann aus wirtschaftlichen Gründen hatte aufgeben müssen. Seit er auch seine Wohnung nicht mehr bezahlen konnte, lebte er mehr oder minder auf der Strasse. Jetzt im Winter sass er oft bei Andreas am Ofen.

Ich hatte eigentlich bereits heute nach Hause fliegen wollen, um Weihnachten mit meiner Familie zu verbringen. Doch nun streikte das Bodenpersonal und ich würde erst einen Tag später reisen. Die Aussicht, Heiligabend allein in meiner Athener Wohnung zu verbringen, hatte mir nicht behagt, weshalb ich beschlossen hatte, bei Andreas und Fotis vorbeizuschauen. Jetzt ärgerte ich mich, dass ich gekommen war. Heiligabend im Loch. Mit einem frustrierten Kleiderverkäufer und einem verwahrlosten Schauspieler. Frohe Weihnachten!

Eine Weile herrschte drückende Stille. Dann sagte Fotis: «Ich will heute feiern.» Andreas stand auf, nahm ein Scheit von der Beige und legte es in den Ofen. Eine Weile starrte er in die Glut, dann knallte er das Törchen zu, drehte sich wieder zu uns und rief höhnisch: «Ah, der Herr möchte feiern? Dass ich nicht lache! Foti, du alter Penner, du darfst uns gerne einladen! Gehen wir doch ganz schick nach Kolonaki, da kannst du feiern, bis dir die Ohren wackeln, du Trottel!» – «Nein, im Ernst», erwiderte Fotis. «Es ist Heiligabend, ich will feiern, und ich weiss auch wo.»

Mir war alles recht, um aus dem Loch zu kommen. Andreas liess sich überreden. Fotis führte uns über stille Plätze und durch menschenleere Strassen. Athen wirkte wie ausgestorben. Vor der Tür eines älteren Hauses blieb Fotis stehen. «Hier sind wir.» – «Du Idiot, wir haben ja gar nichts mitgebracht», zischte Andreas, doch der alte Schauspieler hatte die Klingel schon gedrückt. Von drinnen erklangen Schritte, die Tür wurde geöffnet und Licht fiel auf das nasse Trottoir. Im Eingang stand eine junge Frau in einem weissen Tüllkleid. Sie war übergewichtig, schielte stark und strahlte über das ganze Gesicht. «Foti, wie schön», rief sie und fiel ihm um den Hals. «Oh, und noch mehr Gäste! Kommt, kommt alle herein!» Die Frau hiess Maria und hüpfte mit ihren Plüschpantoffeln erstaunlich leichtfüssig die Wendeltreppe hinauf ins Obergeschoss.

«Du bist wohl nicht bei Sinnen, was soll das?», flüsterte Andreas. «Das ist eine betreute Wohngemeinschaft für Frauen mit psychischen Problemen.» – «Und was sollen wir hier?» – «Feiern», flüsterte Fotis zurück und zwinkerte uns zu. Wir stiegen die Treppe hinauf und gelangten in einen offenen Raum. Die Frauen sassen auf der Polstergruppe und assen. Als sie uns erblickten, begannen sie zu kichern. Eine ältere Frau strich beharrlich die geklöppelte Tischdecke glatt. Neben ihr wiegte sich ein Mädchen hin und her und summte leise eine Melodie. Die Lichter am synthetischen Tannenbaum wechselten gemächlich von blau zu rot.

«Bedient euch», forderte Maria uns auf, und deutete auf den Tisch. «Es ist von allem genug da.» Fotis liess sich nicht zweimal bitten und lud sich Oliven, Hackfleischbällchen, Tsatsiki und Brot auf einen Kartonteller. Ich konnte hören, wie eine grauhaarige Dame, vermutlich die Betreuerin, zu ihm sagte: «Gut, dass du gekommen bist, Foti. Die Mädchen haben dich vermisst.» Andreas und ich setzten uns auf die freien Stühle, die Teller auf den Knien. Die Häppchen waren köstlich.

Auf einmal verstummen die Gespräche und ich merke, dass die Frauen Fotis erwartungsvoll beobachten. Dieser greift hinter den Tannenbaum, zieht einen Instrumentenkoffer hervor und nimmt eine reich verzierte Bouzouki daraus. Andächtig fährt er mit der Hand über den langen perlmuttverzierten Hals und liebkost das dunkle Holz des bauchigen Körpers. Den Blick auf den Boden gerichtet schlägt er den ersten Akkord an. Ein Lächeln huscht über sein verlebtes Gesicht und dann geht es los. Fotis' Hände fliegen über die Saiten und bringen das Instrument zum Weinen und zum Jubilieren. Ohne Vorwarnung reisst er uns mit in höchste Höhen und tiefste Tiefen.

Maria steht in der Mitte des Raumes, breitet die Arme aus, wirft den Kopf in den Nacken und tut erste Schritte, erst suchend, dann sicherer. Jetzt springt Andreas auf und schliesst sich ihr an. Alles Schwere scheint von ihm abgefallen, seine Augen blitzen. Die Frauen erheben sich, eine nach der anderen, legen einander die Arme über die Schultern und tanzen mit. Fotis spielt einen wirbelnden Rhythmus nach dem anderen. Diese Musik trifft das Innerste der Seele und lässt Schmerz und Freude ineinander verschmelzen. Maria löst sich aus dem Kreis, ergreift meine Hand und zieht mich auf die Tanzfläche.

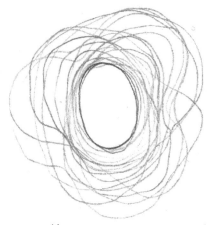

Weihnachtliche Begegnung

Er war eben am Flughafen angekommen, nach einem ruhigen Flug mit nur leichten Turbulenzen. Er hatte einige Tage in der Nähe von London gearbeitet. Der Grund war eine Panne in der Verpackungsanlage, die seine Firma dorthin geliefert hatte. Es lag an der Software, wie er von Anfang an vermutet hatte. Doch dann waren noch zwei drei kleinere Probleme dazu gekommen und er brauchte Ersatzteile. So hatte es gedauert, volle zwei Tage länger als geplant. Jetzt am Weihnachtsabend war er froh, vor dem Einnachten wieder zurückzusein. Seit Jahren war er bei seiner Arbeit als Techniker in der Welt unterwegs und noch immer faszinierte ihn der Blick aus dem Flugzeug. Es gab magische Momente, wie heute, als er im Flugzeug auf der Schattenseite gesessen hatte und die tief stehende Sonne vom Westen her nur noch den kleinen Winglet-Flügel am Ende der Tragfläche zum Leuchten gebracht hatte. Und dieses glänzende Stück Metall zog über den tiefblauen Himmel wie ein Komet.

Den Gedanken an einen Stern hatte er als einen leisen Trost empfunden, denn er wusste, dass in der Ankunftshalle des Flughafens niemand auf ihn wartete und er diesen Weihnachtsabend auch heute allein verbringen würde. Seit vier Jahren war er geschieden. Die Kinder lebten bei ihrer Mutter und ihrem neuen Partner. Sie hatte es sich nach der Scheidung zur Angewohnheit gemacht, über die Weihnachtstage wegzufahren. Manchmal kam ihm der Gedanke, sie wolle ihn damit bestrafen. Seine Tochter und sein Sohn, beide bald erwachsen, würden ihn in den Tagen nach Weihnachten besuchen. Er hatte Geschenke für sie gekauft und würde dann mit ihnen auswärts essen gehen. Ob er ein guter Vater war? Er hatte sich einige Mühe gegeben, aber die langen arbeitsbedingten Abwesenheiten waren für alle eine Belastung gewesen. Und so hatten auch er und seine Frau sich mehr und mehr auseinandergelebt. Am Schluss passte nicht mehr viel zusammen. Doch die ersten Monate nach der Scheidung waren trotzdem hart gewesen.

Er fuhr mit der Bahn vom Flughafen ins Stadtzentrum und liess sich dann mit dem Taxi zu seiner Wohnung fahren. Es war eine eher bescheidene Wohngegend, aber er hatte ganz oben im sechsten Stock eines Wohnblocks eine Dreizimmerwohnung mit Dachterrasse gemietet. Der Blick Richtung See und in die südlichen Berge hatte es ihm angetan.

Er spürte auch diesmal eine leichte Beklemmung, als er in die leere Wohnung trat. Er stellte die Heizung höher, schlug die schweren Vorhänge zurück, draussen war es schon dunkel. Er stand einen Augenblick unschlüssig da; sollte er nicht gleich wieder gehen und irgendwo etwas essen? Dann aber sah er den kleinen Adventskranz auf dem Clubtisch im Wohnzimmer, den seine Tochter ihm geschenkt hatte. Bisher hatte erst eine Kerze gebrannt und mit einem Anflug von schlechtem Gewissen zündete er alle vier Kerzen auf einmal an, holte sich dann ein Glas und goss sich einen Whisky ein, einen aus dem südwestlichen Schottland mit diesem rauchigen Geschmack, den er so liebte.

Bald einmal kamen Gedanken, Erinnerungen an frühere Weihnachten, als die Kinder noch klein waren, an Weihnachtslieder und Spielzeuggeschenke. Und plötzlich fiel ihm das kleine Dreirad ein, das er vorher bei der Türe zum Lift gesehen hatte. Es gehörte den zwei Kindern, den einzigen im Haus, die im zweiten Stock wohnten, zusammen mit ihrer Mutter, die offenbar alleinerziehend war. Er hatte gehört, der Vater der Kinder habe sich irgendwo ins Ausland abgesetzt. Die Frau war ihm gelegentlich begegnet und die Kinder sah er, wenn sie beim Hauseingang spielten. Er kam selbst aus sehr ärmlichen Verhältnissen und hatte ein untrügliches Gespür für diese Armut von Kindern in sauberen, aber etwas ausgewaschenen Kleidern, für die kaum sichtbaren Kratzer, die den gebrauchten Spielzeugen ihren Glanz nahmen. Diese Kargheit, die sich nie ganz kaschieren liess, berührte ihn, ja löste ganz tief in ihm etwas aus.

Dann sah er auf dem Tisch eine noch unbeschriebene Weihnachtskarte und fasste einen Entschluss: Ja, er wollte schreiben, aber dabei unbedingt anonym bleiben. «Sie werden nie erraten, wer ich bin. Machen Sie sich und Ihren Kindern eine Freude: Gönnen Sie sich einmal etwas Besonderes. Schöne Weihnachten.» Er las das Geschriebene nochmals sorgfältig durch, öffnete dann die Brieftasche. Es hatte darin wie immer reichlich Geld, eine alte Gewohnheit aus der Zeit, als Kreditkarten noch kaum in Gebrauch waren; man wusste ja nie. Dann schob er die Karte und ein paar grössere Noten in den Briefumschlag.

Er entschloss sich, den Umschlag vor die Türe zu legen, nicht in den Briefkasten, denn der würde über die Festtage kaum mehr geleert werden, und den Leuten im Haus konnte man vertrauen. So stand er vor der fremden Türe und war erstaunt, dass diese nur angelehnt war. War die Frau für kurze Zeit weggegangen? Er musste sich beeilen und legte den Umschlag behutsam auf die Fussmatte. Als er sich wieder aufrichtete und gehen wollte, sah er die Frau auf sich zukommen. Natürlich, sein schlechtes linkes Ohr, er hatte sie nicht kommen hören. Sie trug ein hübsches Kleid und sah jünger aus als mit dem grauen Mantel, in dem sie normalerweise das Haus verliess. Es war ihm unendlich peinlich, er bückte sich und hob den Umschlag auf: «Hier, das ist für Sie und Ihre Kinder. Schöne Weihnachten». Die Frau sah müde aus, aber sie lächelte. Und für einen Augenblick berührte ihre Hand seinen Arm: «Vielen Dank, und auch Ihnen schöne Weihnachten. Wissen Sie, ich muss gehen, die Kinder warten.» «Ja, natürlich, ich verstehe», sagte er und wandte sich zum Gehen. Einen Atemzug lang hielt er inne, ihr Parfum war noch im Raum wie eine Erinnerung, die schon am Verblassen war. Als sie die Türe sanft ins Schloss zog, war ihm, als hörte er hinter sich einen leisen Flügelschlag. Vor dem Fenster im Treppenhaus blieb er stehen und blickte hinüber zum Weihnachtsbaum, den man auf der Strassenkreuzung aufgestellt hatte. Hoch in seinen Ästen hing ein Stern.

Der Weihnachtsengel

Sie sitzt in der Kirche, vor sich den geschmückten und licht-vollen Baum. Müde ist sie zu dieser späten Stunde, doch es ist eine befriedigende Müdigkeit. Als Sigristin hatte sie die schöne Aufgabe, die Kirche weihnachtlich zu schmücken. Sie hat die Gottesdienstbesucher willkommen geheissen, und dabei die vielen brennenden Kerzen nie aus den Augen gelassen. Eine Verantwortung, die sie auch jetzt noch, nachdem sich alle an-deren auf den Heimweg gemacht haben, allein in der Kirche bleiben lässt. Die letzten Kerzen verglimmen, es ist still gewor-den. Immer mehr nimmt die nächtliche Dunkelheit zu, die Kir-che scheint langsam darin zu versinken. Sie sitzt da und lässt die Stille nach all dem Trubel auf sich wirken. Es ist eine satte Stille, die nicht einsam macht, sondern das Geschehen dieser Heiligen Nacht nachhallen lässt. Sie mag diese Stille, dieses Alleinsein. Nach der fröhlich-lebhaften Weihnachtsfeier mit ih-rer Familie und dem nächtlichen Gottesdienst mit den vielen Menschen, erlebt sie nun ihre eigene, besinnliche Weihnacht. So fühlt sie sich von der Stille getragen und mit Frieden erfüllt.

In der vordersten Kirchenbank sitzend lässt sie ihren Blick wandern. Es ist eine schimmernde Dunkelheit, die sie umgibt, durchzogen vom silbernen Licht des Vollmondes. Sie sieht den Weihnachtsbaum schemenhaft vor sich, ein leises Glit-zern leuchtet ab und zu noch auf. Dann bleiben ihre Augen auf einem nahen Chorstuhl ruhen, auf dessen Baldachin ein geschnitzter Engel thront. Er sitzt da, die Arme auf das dem Chorstuhl zugehörige Familienwappen gestützt und schaut ihr direkt in die Augen.

Plötzlich lauscht sie aufmerksam in die Stille. Was ist da leise, aber doch vernehmbar zu hören? «Vom Himmel hoch, da komm ich her ...» Erst meint sie, sich verhört zu haben, meint, das Weihnachtslied klinge noch in ihren Ohren nach. Doch nein, als sie länger hinhört, erkennt sie, dass dieses Lied vom Chorstuhl herkommen muss.

«Bist du ein Weihnachtsengel?», fragt sie ziemlich erstaunt. «Ja, das bin ich», kommt die Antwort keck von oben herab. Sie schaut den Engel ungläubig an. «Das ganze Jahr hindurch sehe ich dich auf dem Familienwappen sitzen, doch niemand hat mir je erzählt, dass du ein Weihnachtsengel bist.»

Der Engel schaut sie weiterhin unverwandt an, blinzelt ins silberne Mondlicht und setzt nach einigem Zögern zu einer Rede an: «Wir Engel von der ersten Stunde, die wir die Geburt des Christus verkündigt haben, hatten und haben immer noch die göttliche Botschaft zu überbringen. Wir bleiben die singenden und jubilierenden Engel, solange diese Botschaft unter die Menschen gebracht werden muss. Unter diejenigen, die noch nicht davon wissen, oder zu denjenigen, die die Botschaft wieder vergessen haben. Wir bringen sie den Hoffnungslosen und Kranken, den Traurigen und Einsamen, den Herrschern dieser Welt und den Kriegsopfern, den Verbrechern und vom Wege Abgekommenen, zu allen, die ein Zeichen der Liebe und der Hoffnung brauchen. Wir lassen das Weihnachtslicht aufleuchten mitten in der Finsternis dieser Erde.»

Sie sitzt still da und lässt die Worte des Engels nachwirken. Verwundert fragt sie: «Doch sag Weihnachtsengel, weshalb sprichst du dann jetzt zu mir?»

«Ach, Frau, du müsstest es doch wissen! Alle sollen diese Botschaft immer wieder vernehmen, so auch du. Doch nicht alle vernehmen sie so deutlich und direkt wie du jetzt. Wer uns hören will, muss sich der Stille hingeben und sein Herz öffnen. Kann dies jemand nicht, so ist die Botschaft auch in einem Bild, in Musik oder in einem Licht erkennbar. Oder er hört uns durch die Worte anderer Menschen.»

Sie sitzt immer noch staunend und nachdenklich da. Sollte sie so ein Mensch sein, der diese Worte weiterträgt? Sie schaut noch einmal hoch zu ihrem Weihnachtsengel, doch dieser blickt nun wieder starr hinaus ins Kirchenschiff und bleibt stumm.

Schliesslich macht sie sich auf, verlässt die dunkle Kirche und wandert durch die Vollmondnacht heimwärts. Sie wird von zauberhaft silbrig funkelndem Licht umgeben, die Luft scheint zu flimmern, Nebel und silbriges Schneegestöber hüllen sie ein. So wandert sie verzaubert immer weiter, spürt die Botschaft dieser heiligen Nacht und plötzlich scheint ein Flügel sie zu streifen.

Hansueli Balmer

Tanzender Advent

Wenn der Himmel
i däm Röckli tanzet
isch es schön

Chinderauge lüüchte
es liises Berüehrtsii im Gsicht
es Stuune
s'Liecht
vom Himmel
chunnt is Härz

Wiehnacht

Wenn der Himmel
mit der Wiehnacht
chunnt cho z'tanze
hets di nüm

treits di furt
chasch nid blibe höckle
muesch ufstah
muesch di bewege
schwäbsch über em Bode

gspürsch Wärmi
füehlsch di ghalte
der Körper wird Musig
der Rhythmus fahrt i d'Bei
u s'Gmüet isch frei

Wenn der Himmel
i de Wölkli chunnt cho z'tanze
und d'Wiehnacht
wie vo Witem lächlet
isch es schön

Solotänzer

Beschwingt
breche ich auf
erfahrener Verheissung
entgegen

schwebenden Schrittes
bewege ich mich
wie im Tanz

Leben
erfüllt
über sich hinausweisend
bricht ein

feurig
wohlig

drängt mich
innere Wärme
voran

Lichtglanz
von weit her

zieht mich
in die Nähe
zu dir

eng umschlungen
in deinen Armen wiegend
bewege ich mich
wie im Tanz

Weihnacht

Zwischen Himmel
und Erde
bewegt sich
berührt sich

Licht
das Nacht
durchbricht

wegweisend
leuchtend
der Stern

in dir
und über dir

singend
hoffend
tanzend

Aufbruch
Wärme
Neubeginn

damals
jetzt

Ursula Trachsel

Es ist ein Ros' entsprungen

«Mir wäre lieb gewesen, wenn es gleich fertig gewesen wäre», sagtest du damals, vor etwas mehr als zwei Jahren. Du bist zu Hause die Treppe hinuntergestürzt, hast dir den Oberschenkel gebrochen, die Schulter arg verletzt, und zahlreiche blaue Flecken zeugten von deinem Unglück.

Lange bist du da gelegen, bevor ein Nachbar dich gefunden hat. «Acht Kinder habe ich geboren, aber diesen Schmerz nach dem Sturz, ich meinte, ihn nicht aushalten zu können», sagtest du.

Es ist nicht «fertig gewesen». Man hat dir ein Stück Metall anstelle des Oberschenkelknochens eingesetzt, deine Schulter bandagiert, die blauen Flecken gesalbt und dich mithilfe eines Rollators – ein Stosserli, wie du den neuen Begleiter nennst – mobilisiert.

Für dich ist schnell einmal klar geworden, dass die selbstständige Haushaltführung in deiner Wohnung im Bergdorf mit den langen Wintern nicht mehr möglich sein würde. Ein Platz im Altersheim war frei und du bist eingezogen: mit dem Stosserli, einem kleinen Koffer und schwerem Herzen. Du schliefst fortan nicht mehr im breiten Holzbett, das du über fünfzig Jahre mit deinem Mann geteilt hattest. Du hattest keine eigene Küche mehr zum Zubereiten deiner Minestrone und Backen deiner Apfelkuchen. Damals, vor etwas mehr als zwei Jahren, wurde deine Welt innert weniger Wochen demontiert.

Heute bist du in deiner neuen Welt angekommen. Dein Lebenswille ist nochmals erstarkt. In Demut und Dankbarkeit hast du das für dich Gute erkannt und deinen Platz im Altersheim gefunden.

Heute, mit 96 Jahren, hast du in deiner neuen Welt gelernt zu geniessen, wohl erstmals in deinem Leben in diesem Ausmass. Du geniesst das feine Essen, immer mit Dessert, wie du zu betonen pflegst. Du geniesst es, eingecremt zu werden nach Dusche oder Bad; du würdest dich jeweils so wohl fühlen wie ein «Mämmi» – ein Säugling. Du geniesst es, nicht länger mit Hausarbeit belastet zu sein; alle Pflegenden seien so aufmerksam und sorgfältig, betonst du immer wieder. Du machst mit bei allen Aktivitäten: du malst, du kochst, du turnst, du jasst, du singst. «Weisst du, wir krächzen mehr, als wir singen, aber es macht Freude», sagtest du mir, als wir zusammen Weihnachtslieder gesungen haben in deinem Zimmer im Altersheim.

«Es ist ein Ros' entsprungen, aus einer Wurzel zart» – wie das Blümlein im kalten Winter bist du aufgeblüht, Anna, du starke, lebensbejahende, würdevolle, neugierige und demütige Schwiegermutter. Ich danke dir.

Franz macht sich auf den Weg

In der Wohnstube herrscht eine gespenstische Ruhe. Ein Fremder würde vielleicht das Ticken der Pendeluhr wahrnehmen. Franz achtet nicht mehr darauf nach all den Jahrzehnten, die er auf der abgelegenen Bühlmatte verbracht hat. Reglos sitzt er am Tisch, in sich gekehrt. Mit der rechten Hand an der Stirn stützt er den Kopf ab. Die Finger vergraben sich in den Haaren, die wild wuchern und für einen 88-Jährigen noch erstaunlich voll und nur von wenigen grauen Strähnen durchzogen sind. Mit der linken Hand streicht Franz ab und zu über den Rücken der jüngsten seiner Katzen.

Franz hat kaum geschlafen. Es waren die Worte des Arztes, die ihm den Schlaf raubten. Immer am Dienstag steigt er ins Dorf hinunter, um das Nötigste einzukaufen. Am vergangenen Dienstag hat er den Arzt wegen seines Lungenleidens, das ihm das Atmen zunehmend schwerer macht, aufgesucht. «Eines Tages wirst du dann einfach ersticken», hat dieser ihm in seiner direkten Art erläutert. Die Menschen auf dem Land nehmen die ärztlichen Prognosen meist gelassen hin. Ihnen ist bewusst, dass die Natur schliesslich stärker ist als alle menschlichen Anstrengungen.

Franz aber, den sonst kaum etwas aus der Ruhe bringen kann, ist zunehmend ins Grübeln geraten. «... dann einfach ersticken», allein, ohne irgendeinen Menschen in der Nähe! Diese Vorstellung ängstigt ihn. Alle Ratschläge des Arztes oder des

Pfarrers, doch ab und zu ins Wirtshaus zu gehen, oder einen Altersnachmittag zu besuchen, um Kontakte zu pflegen, hat er stets in den Wind geschlagen mit der Bemerkung: «Ich bin kein gesellschaftlicher Mensch.»

Jetzt aber spürt er eine Sehnsucht in sich, den letzten Atemzug nicht abgeschieden und einsam tun zu müssen. Am Abend zuvor hat der Nachrichtensprecher im Radio für die kommenden Tage Schnee vorausgesagt. Franz hat sich sogleich ausgemalt, was das für ihn bedeuten könnte: Er wäre nicht mehr in der Lage, mit dem Schilter-Transporter den steilen Hang hinauf zu fahren – die Bühlmatte liegt in einer Art Mulde – und danach den Weg ins Dorf hinunter zu bewältigen. Und das könnte bedeuten: er würde, wenn die Zeit gekommen war, «... dann einfach ersticken».

Franz holt so tief Atem, dass das Kätzchen vor ihm zusammenzuckt. Er gibt sich einen Ruck und erhebt sich vom Stuhl. Er geht durch jene Zimmer des in die Jahre gekommenen Bauernhauses, die er selber bewohnt hat. Einzelne Räume hatte er kaum mehr betreten seit dem Tod des anderen ledigen und zuhause gebliebenen Bruders vor fünfundzwanzig Jahren und dem Tod der Mutter vor neunzehn Jahren. Fast andächtig geht er in die Schlafstube – er könne diese von der Küche aus auf «gäbige zwölf bis vierzehn Grad heizen», hatte er dem Pfarrer erklärt. Er durchquert die «Butik» genannte Werkstatt in Richtung Küche und Wohnstube. Im Laufe der Zeit haben sich allerdings die Grenzen zwischen den einzelnen Räumen aufgeweicht: überall sind der Boden und die Möbel von Sägespänen bedeckt, liegen Werkzeuge herum oder ist irgendwelches Geschirr abgestellt. Sein Blick fällt auf den fast durchgerosteten Kühlschrank und den Elektroherd, die ihm Leute aus dem Dorf geschenkt haben.

Mit Wehmut sieht er nochmals auf die paar «Bräntli», «Mälchterli» und Salzgeschirre, die er gefertigt hat. An der Wand erinnern einige Mitbringsel an Schwingfeste – das einzige, was Franz früher ab und zu vom Hof weglocken konnte. Mit Reissnägeln befestigt ist das Bild einer Schwingerkönigin aus der Region, das Franz einmal aus dem Gelben Heft herausgerissen hat. Es ist über dem Telefon angebracht – dem alten schwarzen Kasten mit Drehscheibe, neben dem das Telefonbuch hängt, Ausgabe 1978. Franz hat sich angewöhnt, das Telefon nur noch dann abzunehmen, wenn es ihm darum ist, weil er eigentlich damit rechnet, dass sich jemand verwählt hat oder man ihm irgendetwas andrehen will, das er nicht benötigt.

Draussen ist es noch stockfinster. Die Uhr, die das ganze Jahr auf Winterzeit gestellt bleibt – Franz hat die Sommerzeit dem Vieh, als er noch zwei Kühe und zwei Kälber hatte, nie zugemutet –, die Uhr also zeigt ein paar Minuten nach fünf an. Franz steckt seine Pfeife und etwas Tabak ein und greift sich seine Zipfelmütze. Mehr würde er nicht mehr benötigen. Er stockt, geht zum Kalender, den ihm jemand von der Kirchgemeinde vorbeigebracht hat, und reisst pflichtbewusst ein Blatt ab: 3. Dezember. Dann zieht er die Türe hinter sich zu.

Ein letztes Mal blickt er zum Haus zurück, das Aussenstehende als «verlottert» empfinden – sein «Paradiesli». Seine Eltern haben es erwerben können, um eine «Existenz» zu gründen. Zwölf Kinder haben darin das Licht der Welt erblickt. Franz hat nicht alle gekannt, da verschiedene von ihnen als Verdingkinder weitergegeben wurden. Selber hat er nach Ende der Schulzeit zwölf Jahre als Knecht und dann noch in einer Gärtnerei gearbeitet. Danach ist er auf die Bühlmatte zurückgekehrt, um zuhause mitzuhelfen und später zur Mutter

zu schauen. Sein Vater war kurz nach Franz' fünftem Geburtstag gestorben.

Franz reisst sich aus seinen Erinnerungen los, besteigt den Schilter und fährt den Hang hinauf. Er parkiert ihn in der Nähe des Hofes Geissmatte – deren Besitzer haben es immer gut mit ihm und seiner Familie gemeint. Die letzten drei Kilometer zum Dorf legt er zu Fuss zurück. Die Uhr der nahe gelegenen Kirche schlägt Viertel nach sechs, als er beim Pfarrhaus klingelt. Da sich im Haus zunächst nichts regt, setzt Franz sich auf die Treppe und zündet sich ein Pfeifchen an. Doch nach ein paar Minuten geht die Türe auf. Der Pfarrer reagiert zunächst unwirsch ob dieses frühmorgendlichen Besuchers. Sein Missmut wandelt sich in Entsetzen, als Franz sich erhebt und mit fast beschwingter Stimme verkündet: «Guten Morgen. Jetzt bin ich bereit: Ich gehe ins Altersheim.»

Das Entsetzen des Pfarrers ist begründet. Er weiss um die langen Wartelisten für Eintritte ins Altersheim. Seit Monaten hat er sich bemüht, Franz zu überreden, sich wenigstens vorsorglich beim Heim anzumelden. Vergeblich. Franz konnte sich nicht vorstellen, mit vielen Leuten auf engem Raum zu wohnen. Und nun dies!

Franz klopft seine Pfeife über der linken Faust aus, bevor er dem Pfarrer ins Haus folgt. Die Frau des Pfarrers bereitet ihm ein Frühstück. Um acht Uhr greift der Pfarrer zum Telefon und schildert der Verwalterin des Altersheims die verzwickte Situation. «Oje», seufzt jene, verspricht allerdings, zu schauen, was sich machen liesse. Nach einer Stunde meldet sie sich wieder. Ein Mann, der Dellenbach Paul, sei bereit, dem Gestrandeten für eine gewisse Zeit Unterkunft zu gewähren in seinem Zimmer, das früher als Zweibettzimmer genutzt worden sei. Franz nimmt diese Botschaft wie selbstverständlich auf, dankt für das Frühstück und bittet die Pfarrfrau, bei Familie Gmünder anzurufen und diese zu bitten, nach seinen Katzen zu schauen. Dann zottelt er davon Richtung Altersheim.

Merkwürdig, dass man ihn zunächst unter die Dusche schickt und ihm Unterwäsche in die Hand drückt, obwohl er solche seit Jahren nicht mehr getragen hat. Dass das Personal ihn mit «Herr Moser» anspricht, irritiert ihn ebenfalls. Die ersten Male antwortet er: «Der Herr isch im Himmu» – dann lässt er sich diese Anrede gefallen. Manchmal scheint ihm, er werde im Altersheim wie ein König behandelt. Irgendwie tut es ihm gut. Mit Genugtuung stellt er zudem fest, dass es sich beim angekündigten Zimmernachbarn um einen ehemaligen Schulkollegen handelt. Als Franz sieht, dass auch Paul das Bild der Schwingerkönigin von der Gummenegg aufbewahrt hat, ist das Eis gebrochen. Die beiden schwelgen in Erinnerungen an frühere Zeiten. Schon am zweiten Tag schlägt Paul vor, zusammen mit zwei Frauen aus dem Heim einen Jass zu wagen. Franz, der seit Jahren nicht mehr gejasst hat, antwortet: «Werum nid, aber i gloube, ungerufe wär aagmässe.»

Es ist am Abend des 19. Dezembers, als Franz der Pflegerin Margrit Reber gegenüber, zu der er einen guten Draht hat, wie beiläufig bemerkt: «I gloube, es isch Zyt, dass i ämene angere Platz mache.» In der Nacht schläft er unruhig. Frau Reber sitzt neben seinem Bett und hält seine Hand, als er um 03.58 Uhr, wie später auf dem Totenschein zu lesen sein wird, seinen letzten Atemzug tut.

Am 23. Dezember wird Franz zu Grabe getragen. Der Friedhof ist von einer glitzernden Schneedecke überzogen, der Himmel stahlblau. Ob Franz von irgendwoher miterleben kann, wie stattlich die Gemeinde ist, die von ihm Abschied nimmt? Bevor diese sich in die Kirche zum Gottesdienst begibt, verliest der Pfarrer den Konfirmationsspruch aus dem 1. Korintherbrief, den Franz ihm bei einem Besuch auf der Bühlmatte zitiert hat: «Wachet, stehet im Glauben, seid männlich und seid stark». Aber irgendwie scheint ihm dieser Spruch fehl am Platz.

«One moment in time»

Heiligabend in der Kirche. Männer singen mit honorigem Chortenor. Windschiefer Weihnachtssound. Der Christbaum steht etwas verwundert da. Der Sigrist sitzt nervös daneben, die eine Hand am Feuerlöscher. «One moment in time», singt Withney Houston Ende der Achtzigerjahre. Sie singt von Ewigkeit und vom Wunsch, ein bisschen mehr von sich zu halten. One moment in time: Hirten auf dem Feld sehen ein nächtliches Zeichen, das eine kleine Ewigkeit lang nur glücklich macht. Heute Abend trägt der Pfarrer die gleiche Frisur wie der «holde Knabe im lockigen Haar». Die Orgel schluchzt «Stille Nacht».

Alle drehen sich zum Eingang. Frieda betritt die Kirche. Stöckelschuhe und Wildtierbluse, Haarsträhnen fallen ihr in die Stirn, vollgestopfte Plastiksäcke.

In der «Traube» ist aufgetischt worden. Rippli, Speck und Zungenwurst. Für einmal kein rohes Geschwätz und kein «Fräulein zahlen».

Der Pfarrer nickt Frieda zu. Sie streicht sich Strähnen und Schweiss aus dem Gesicht. Lacht kurz und kehlig. Wirft ihrem vierbeinigen Begleiter Bratenstücke in den Rachen. Letzte Happen aus der «Traube». «O wie lacht», singt die Gemeinde und drückt für eine Nacht lang ein Auge zu.

Ruth räuspert sich, als sie Frieda sieht. Nur ausnahmsweise sei auch sie heute Abend in der «Traube» gewesen. Das hat sie Frieda und den Gästen gegenüber mehr als einmal betont.

Als junge Frau wollte Ruth Schneiderin werden. Aber dann kam der Krieg. Bis in ihr kleines Dorf am Rand des Schwarzwalds. Ruth ging wie alle andern in die Fabrik. Dort schraubte sie Teilchen zusammen, keine Ahnung wofür. An einem heissen Sommertag raste ein Uniformierter die staubige Strasse entlang. Im schnittigen Automobil aus der Stadt. Einer mit Rang und Namen, Epauletten und Abzeichen, die Ruth von der Schule kannte. Der Wagen erfasste Ruths Vater. Später auf dem Polizeiposten bestritt der Uniformierte die Tat. Auch der Dorfpolizist wollte nichts gesehen haben.

Albi kennt die Geschichte. Mindestens ein Dutzend Mal hat er sie in der «Traube» gehört. Obwohl Ruth ja bloss «ausnahmsweise» und «sehr selten» da ist.

Albi hat sich in die erste Reihe gesetzt. Albi – der junge alte Mann. Schauspieler einst. Grosse Bühne, dann schiefe Bahn – das volle Programm. Heute Knochen wie Glas und gelb im Teint. Albi mag Ruth. Weil sie aus wenig viel macht. Ruth hingegen meidet Albi wegen seiner seltsamen Fragen: «Sind deine Gefühle korrekt? Bist du glücklich? Warst du jemals unsterblich verliebt?»

Albi hat Mühe, sich zu konzentrieren. Er zwinkert Ruth zu. Wie auf ein geheimes Zeichen hin, verlassen alle drei die Kirche. Albi, Ruth und Frieda. Am Kircheneingang kurzer Blickwechsel. Dann nichts wie weg. Frieda lässt die Plastiksäcke an der Kirchentür stehen. Albi wirft seine Stöcke weg und hängt sich schweigend bei Ruth ein. Die drei gehen über Industriebrachen und querfeldein. Hier finden sie, was sie nicht gesucht haben. Lauter Fundstücke aus ihrem Leben. Frieda findet im Strassengraben die Zuckerdose von Schorsch, der sie so lange geküsst hatte, dass sie meinte, die Liebe würde niemals enden. Die

Zuckerdose hat einen Sprung und Frieda weint. Seltsam, der Schlehdornstrauch trägt heute Glasknochen, denkt Albi und staunt. Ruth zieht kleine Teilchen, nutzlos geworden und wie Schmuck, aus dunklem Geäst. Jetzt hebt Frieda ein Foto vom Boden auf. Ausgewaschen vom Regen zeigt es Klein-Frieda als Kind: Das Haar in zwei dicke Zöpfe gezwungen. Keine Locke kringelt ums runde Gesicht. Kein Haar tanzt aus der Reihe. Jedes Ding hatte seinen Ort: das widerspenstige Haar, das Singen bei der Arbeit, das Beten am Tisch. Bloss das heimliche Weinen der Mutter hatte keinen.

Das Foto kostete zwei Franken fünfzig. Frieda sieht den Preis auf der Rückseite. «Aus deinem Gesicht blitzen für zwei Franken fünfzig zwei Augen mit zwanzig kaputten Milchzähnen um die Wette», lacht Albi und hängt sich fester bei Ruth ein. Frieda nimmt Ruths Hand. Sie gehen einen Weg entlang, den keiner kennt.

Mit einem Mal lichtet sich der Nebel, und die Luft wird klarer. Ruth meint Schwarzwaldtannen zu erkennen, die ihr zuwinken. Albi stellt sich auf die Zehenspitzen: «Es sind Hügel, es ist trockene Erde, lauter flache Dächer, Schafherden auf offenem Feld.» Frieda streicht sich aufgeregt eine Strähne aus dem Gesicht: «Wärmer ist es. Hell und südlich mit einer Prise Orient.» Albi öffnet eine Flasche. Sommerwein, der nach Heimat schmeckt und nach «alles wird gut». Die drei nähern sich einem Verschlag. Tiere sind da. Ein Mann und eine Frau und ein Neugeborenes. «Nichts sah nach Mensch aus in den ersten Sekunden.» Erzählt die Mutter. «Aufgetaucht aus diesem Schlund, der von nun an Mutter heisst», lächelt die Frau. «Wie ein Stück Holz, wie ein Fisch», sagt der Vater des Kindes. Weg ist der Schmerz. Alle Uhren stehen auf Jetzt. Staunendes Zeitlupentempo. Ein Gefühl, wie bevor das Glück beginnt. «So stell ich mir Sterben vor», raunt Ruth. Und zum ersten Mal findet Albi Sterben nicht mehr schlimm.

Albi, Ruth und Frieda sitzen in der «Traube». Die Wirtin nimmt den Boden nass auf. Kalter Rauch im Säli. Der Schmerz ist zurück. Die Zuckerdose in Friedas Manteltasche. Die Glasknochen. Die Teilchen am falschen Ort. Doch das Kind bleibt.

«One moment in time», singt Withney Houston Ende der Achtzigerjahre.

Daniel Hubacher

24 Skizzen für den Advent

1. Auf der Hutkrempe des Mannes, der ihr beim Anzünden der Kerze am Grab behilflich gewesen war, hatte sich ein kleiner Schneeturm gebildet. Sie wunderte sich, wie er wohl ihr Schmunzeln gedeutet hatte.

2. «In dreiundzwanzig Tagen ist die Prüfung vorbei», sagte sie seufzend zu ihrer Freundin. Diese stellte zwei Fragen: «Wer sind denn die Experten?» und: «Wie wirst du wissen, ob du bestanden hast?».

3. Ihm fiel es nicht leicht, es in diesen Tagen nicht schwerzunehmen. Darum passierte es leicht, dass er sich beschwerte.

4. Als vorne im Orchester die Trompeten einsetzten, verschwammen die Noten vor ihren Augen. Ein paar Takte lang bewegte sie bloss den Mund und spielte mit dem Gedanken, sich ins Publikum zu setzen; doch dafür hatte sie nicht ein halbes Jahr lang geübt.

5. Er sass im Café am Fensterplatz, beobachtete fasziniert das emsige Treiben in den Lauben und dachte: So bin ich auch mal herumgehetzt, damals, vor der Abschaffung der Geschenke.

6. «Schade, war mein Götti nicht da, als der Samichlaus zu uns kam», sagte der Erstklässler. «Die beiden hätten sich sicher gut verstanden; sie reden ja fast gleich.»

7. Der Personalchef klopfte mit der Gabel ans Glas, stand auf und griff in die Brusttasche seines Kittels. Doch da war nichts.

8. Von eifrigen Kinderhänden wurden die Krippenfiguren aus ihrem Sommerschlaf geweckt. Sie wurden betastet, bewegt, bestaunt und durften Wiedersehensfreude über sich ergehen lassen, bevor sie einen vorläufigen Platz unter dem Stalldach fanden.

9. «I han es Zündhölzli azündt und das het e Flamme gäh …». Es war, als hätte sich der Ohrwurm im Adventskranz eingenistet.

10. Die Motorsäge heulte auf. Als die Tanne am Boden lag, war es ihm, als müsse er sich entschuldigen.

11. Nachdem er eine Weile unschlüssig durch die Regale der Kochbuch-Abteilung geschlendert war, betrat er den Lift und drückte auf den Knopf mit der Beschriftung «Damenwäsche». Als sich die Tür öffnete, hielt er wie eine Eintrittskarte den Zettel vor sich, auf den er sich zu Hause die Körbchengrösse notiert hatte.

12. Einen kurzen Moment fror ihr Lächeln ein, als sie sah, wer als erster Gast vor der Tür stand: Der Nachbar mit dem unaussprechlichen Namen, den sie vorige Woche in der Waschküche energisch zurechtgewiesen hatte. Doch sie selber hatte ja unter die leuchtende Zwölf in schwungvoller Schrift geschrieben: «Zum Adventsfenster sind alle herzlich eingeladen.»

13. Drei Offerten sollten noch geschrieben werden, aber die Mischung aus Glühweinduft und Lebkuchengewürz drang verführerisch durch alle Ritzen. Als er die fröhlichen Stimmen hörte, klappte er den Ordner zu und gönnte sich einen frühen Feierabend.

14. Die Adresse stand auf dem Umschlag und auch die Briefmarke hatte sie schon aufgeklebt. Doch bei jedem Satz, der ihr in den Sinn kam, sagte eine innere Stimme: «Du Heuchlerin!»

15. Sie verstaute den Staubsauger und warf einen schnellen Blick in das Couvert mit dem Weihnachtsgeld. Es war weniger drin als letztes Jahr; ihr Sohn würde mit den billigeren Schuhen zufrieden sein müssen.

16. Beim Warten auf den Bus betrachtete sie die Sandsteinfassade. «Mit dem Geschenkpapier, das ich heute abgerollt habe, könnte ich dich glatt einpacken», raunte sie ihr zu.

17. Sie meinten es gut mit ihm, mit ihren Einladungen. Er musste sich das Alleinsein an Weihnachten hart erkämpfen.

18. Sie versuchten, in der Ankunftshalle jemanden zu finden, der ihnen erklären konnte, wo man vermisste Gepäckstücke reklamierte. Schwitzend hörten sie, wie aus dem Lautsprecher «Jingle Bells» erklang.

19. Sein Kollege aus der Werkstatt hatte grosse Augen gemacht, als er ihn unter der blauen Mütze erkannte. Dann hatte er den Bläserklängen zugehört und eine Note in die Topfkollekte gelegt.

20. Am Inhalt gab es nichts auszusetzen, die Redegewandtheit war beeindruckend, die Predigt ausgefeilt. Trotzdem rutschte sie unruhig auf der Kirchenbank hin und her. Auf dem Heimweg wusste sie, was ihr gefehlt hatte: Das Wort «vielleicht».

21. «Ob das Christkind wohl das Schaufenster gefunden hat, wo das schöne Kleid hängt, das ich auf den Wunschzettel abgezeichnet habe?», fragte das kleine Mädchen abends im Bett mit leiser Stimme ihre Puppe. Diese schaute verständnisvoll drein und schwieg.

22. Früher hatte sie mit absolutistischer Liebenswürdigkeit Regie geführt. Nun musste sie lange überlegen, welcher Name zum Enkelgesicht passte.

23. Vor dem Haus der Pflegeltern waren sie einen Moment im Auto sitzengeblieben und hatten einander die drei Vorsätze aus der letzten Therapiesitzung in Erinnerung gerufen, bevor sie ihren Sohn abholten. Als der sich kurz darauf weigerte, den Skihelm anzuziehen, passte keiner der Vorsätze.

24. Wie klein die Wohnstube geworden ist, dachte er. Und schrumpfte, um vor dem Tannenbaum in die Kinderschuhe zu passen.

Melanie Pollmeier

Wie bei Tante Gertrude Weihnachten wurde

Der Advent war bei uns eigentlich noch schöner als Weihnachten selbst. So zumindest habe ich es in Erinnerung. Wir Kinder bastelten Geschenke und übten Weihnachtslieder, in der Schule gab es allerlei Sonderaktionen, die die Lehrerin sich für uns ausgedacht hatte, und natürlich wurde im Musik- und Turnverein gewichtelt.

Meine Eltern hatten in der Zeit viel zu tun, wie alle Erwachsenen. Es war so, also ob alles Unerledigte unbedingt noch im alten Jahr zu Ende gebracht werden müsste.

Aber nebenbei fanden Mama und Papa trotzdem noch die Zeit, das Haus weihnachtlich zu schmücken. Jeden Tag, wenn ich nach Hause kam, war etwas neu.

In diesem Jahr fing es mit dem roten Elch an, den mein Bruder mal gebastelt hatte. Dieser Holzelch stand noch vom letzten Jahr herum, wir hatten es versäumt, ihn zurück in die Weihnachtsschmuckkiste zu packen. Er hatte uns also tatsächlich das ganze Jahr hindurch schon begleitet. Aber eines Tages im Advent hatte Mama ihn aus der Ecke der Fensterbank, in die er im Laufe des Jahres immer weiter gerutscht war, hervorgeholt und abgestaubt, so dass er mir rot entgegenleuchtete.

Zum Elch kam dann ein Kranz an der Haustür, Sterne und Fensterschmuck, Kerzen aller Art und Grösse. Fast durchgehend duftete es vom Keller bis unters Dach nach Weihnachtsstollen, die mein Vater in Grossproduktion backte und die meine Eltern

Freunden und Verwandten schenkten. Bei uns herrschte also eine Mischung aus umtriebiger Besinnlichkeit und fröhlicher Vorbereitung. Wir lebten den Advent, wie er gedacht war: als Zeit der Erwartung.

Aber einmal erlebten wir, welche Wunder auch an Weihnachten selbst passieren können. In diesem Jahr war schon Ende November Schnee gefallen, der seitdem liegengeblieben war. Mit dem Schnee stellte sich eine beglückende Stille ein, als wäre unter der Schneedecke das Dorf, unser Haus, unsere Familie, ja sogar ich selbst mit meiner heiligen Freude an dieser Zeit in eine wunderbare Unantastbarkeit gefallen.

Dabei war dieses Jahr etwas anders. Denn unsere Tante Gertrude hatte vor ein paar Wochen ihren Mann beerdigen müssen und war nun allein. Tante Gertrude war nur um mehrere Ecken mit uns verwandt, zählte aber doch zum inneren Kreis unserer Familie. Sie lebte in einem Haus ganz in unserer Nähe. Immer wieder wanderten meine Gedanken zu ihr und ich fragte mich, wie es ihr wohl ginge.

So richtig wussten wir das nämlich nicht. Wenn Mama zu ihr rüber ging, um nach ihr zu schauen, wies Tante Gertrude sie fast zurück. Das erzählte Mama uns traurig und irritiert. Gertrude öffnete ihr nicht mal die Tür, sondern verbat sich klipp und klar jede Beileidsbekundung und jeden Trauerbesuch. Seit der Beerdigung war sie in einen fast unheimlichen Aktionismus gefallen. Schon eine Woche später hatte sie mehrere Säcke voller Kleider und anderer Gegenstände ihres verstorbenen Mannes weggegeben. Ihr Haus war wie kein anderes im Dorf weihnachtlich geschmückt, was auf uns irgendwie falsch wirkte. Und auf penetrante Weise störte ihr Verhalten meine Vorfreude.

Wenn wir sie im Dorf trafen, setzte sie ein fröhliches Gesicht auf und versuchte sich und uns vorzumachen, es habe

sich seit dem Tod ihres Mannes nichts geändert. Kein einziges Mal haben wir sie weinen sehen, es war eher so, als ob sie völlig unberührt war.

Mama sagte, dass so etwas manchmal vorkomme bei Trauernden, aber wir wussten trotzdem nicht damit umzugehen. Und besonders jetzt, als es auf Weihnachten zuging, waren Tante Gertrude und ihre seltsame Art zu trauern störend für mich. Am liebsten hätte ich sie ganz vergessen und erst im neuen Jahr wieder an sie gedacht. Aber das klappte nicht.

An Heiligabend ging es bei uns wie immer recht hektisch zu. Mama und Papa arbeiteten die Hälfte des Tages und mussten noch letzte Dinge einkaufen. Am Vormittag wurde ich mit einem Stück Stollen und einer Einladung zum Abendessen bei uns unterm Baum zu Tante Gertrude geschickt. Ich klingelte an ihrer Tür mit einem unguten Gefühl, das sogleich bestätigt wurde, als sie mir irgendwie aufgekratzt öffnete und mich mit einem Dank für die Einladung und einem Gruss zurückschickte: Sie sei lieber allein heute Abend.

Fast erleichtert richtete ich meiner Mutter Tante Gertrudes Antwort aus und freute mich wieder an der besonderen Stimmung dieses einen Tages im Jahr. Meine Mutter wurde für einen Moment sichtlich traurig, hatte aber keine Zeit, sich weiter darum zu kümmern.

Als wir am Abend erwartungsvoll am Tisch sassen und uns an den guten Dingen freuten, klingelte es. Mama öffnete und brachte Tante Gertrude zu uns herein. Wie ein Häufchen Elend kam sie mit gesenktem Kopf ins Esszimmer. Nach einem kurzen Moment des Zögerns sprangen wir alle auf und nahmen sie in den Arm. Es war, als fiele uns allen eine schwere Last von den Schultern. Am meisten aber ging es wohl Tante Gertrude so, denn sie sagte kein Wort, setzte sich nur in unseren Kreis und konnte gar nicht mehr aufhören zu weinen. In meiner Erinnerung weinte sie fast den ganzen Abend, und ich wusste: auch bei ihr war nun Weihnachten geworden.

An diesem Abend hatte ich verstanden, dass Weihnachten auch bedeuten kann, dass ein Mensch traurig ist. Auch darin erscheint das Heil der Welt.

Beat Allemand

Weihnachten zu Hause

Ich hatte lange Zeit Glück, was Weihnachten anging. Wir trafen uns meistens am 25. Dezember bei meinen Eltern. Die Nervosität beim Heimkommen mischte sich mit Vorfreude: Das Weihnachtsessen, die Weihnachtsgeschichte, die Kerzen, die Liedtexte! – nur mein Vater hatte alle Strophen von «Stille Nacht» im Kopf, wir andern hätten noch üben müssen, denn zu Hause wartete die kleine Prüfung des Weihnachtsabends auf jeden von uns. Der Weihnachtsbaum leuchtete und hüllte die Stube in flackerndes Licht, unter dem Weihnachtsbaum lagen Geschenke. Ein Höhepunkt war jedes Jahr, wenn der Vater vor dem Fest beim Aufstellen des Weihnachtsbaums mithalf. Wir haben diesen Baum etliche Male gedreht und gedreht, bis wir die attraktivste Seite ausfindig gemacht hatten.

Und was die Familie angeht, so hatten wir manche Jahre wohl mehr Talent dazu als andere, uns diese Stunden schön und feierlich oder irgendwie gesellig zu machen. Es gab aber auch Zeiten, in denen das Fest zu einer Pflichtveranstaltung wurde. Dennoch sah ich dem Besuch zu Hause jedesmal gespannt entgegen und freute mich, denn es konnte ja sein, dass es trotzdem schön würde. Vor drei Jahren haben wir erstmals ohne meine Mutter Weihnachten gefeiert. Sie war im Mai zuvor gestorben. So eine Zusammenballung von Emotionen habe ich zuvor noch nie erlebt – und ich fragte mich: Wie feiert man eigentlich Weihnachten unter diesen Bedingungen? Für alle war es nicht einfach. Man erinnerte sich an letztes Jahr, an vorletztes Jahr. Tränen standen meinem Vater in den Augen, als er eine Geschichte erzählte. Alles, was er damals noch besass, war seine dunkle, lebendige Stimme, darin eine Andeutung von Sehnsucht. Teil dieser Sehnsucht war Licht – das sich zu Weihnachten im Schnee spiegelnde Licht, das Licht der Kirchenkerzen, das fahle bronzefarbene Licht aus der Stube. Der Rest aber, denke ich, setzte sich aus Schwärze zusammen.

Vielleicht wird der Wunsch nach Zusammengehörigkeit und Familie umso stärker erlebt, je brüchiger die familiären Bindungen sind. Mit dem Vater hat es auch zu tun, dass das Weihnachtsfest bei uns in eine neue Phase getreten ist. Er ist jetzt das neue Zentrum der Familie – an ihn sind die anderen Familienmitglieder angeschlossen. Bald treffen wir uns wieder. Und ich denke, das Weihnachtsfest schöpft seine Schönheit nicht aus grossen Geschenken oder gar aus Wundern, die passieren, sondern daraus, dass es ein bisschen Wärme in eine kalte Dezembernacht bringt. Und jetzt, da Weihnachten in unserer Familie nach drei Jahren wieder fast gewöhnlich geworden ist, gelingt es uns, die gleichzeitige Anwesenheit von Leiden und Glück anzunehmen. Wir lachen sogar. Ja, das ist Weihnachten!

Patience, patience!

Bastien aimait rendre visite à son grand-papa, car il avait une ferme. Pouvoir s'occuper des animaux, aller aux champs sur le grand tracteur, aider à traire les vaches le ravissait. Un matin, son grand-papa arrive vers lui la main fermée:

« Regarde, j'ai un trésor! »

Bastien est impatient de découvrir ce qui se cache dans la main de son grand-papa. Ce dernier l'ouvre et il découvre une toute petite graine.

« Allons la planter, dit son grand-père, elle grandira et deviendra un arbre majestueux. Les oiseaux du ciel viendront un jour y construire leurs nids et faire entendre leurs mélodies! » Bastien accompagne son grand-papa sur la petite colline proche de la maison. Ensemble, ils creusent un sillon et y déposent la graine. Bastien, délicatement, la recouvre de terre.

« Elle est si petite, penses-tu qu'elle deviendra grande comme un arbre? » demande Bastien à son grand-papa.

« Un peu de patience et tu verras », lui répondit le grand-papa.

Pendant les vacances, ils vont rendre visite à la petite graine, lui donner de l'eau. Les premières semaines passent, les mois, mais rien ne semble sortir du sol.

« Es-tu sûr, grand-papa, que la petite graine pousse? »

« Attends et tu verras! »

Quand enfin le printemps s'installe peu à peu et que les dernières neiges ont fondu, une première pousse sort de terre.

« Regarde, regarde, grand-papa, elle est sortie, la petite graine a poussé ! »

Mais, sa joie retombe au moment où il réalise le temps qu'il avait fallu pour que cette pousse sorte de terre.

« Mais, grand-papa, jamais je ne verrai le grand arbre ! »

La nuit suivante, Bastien ne dort pas bien. La peur le tenaille : En effet, l'orage, le vent, la pluie tombent sur la ferme comme sur les champs et les forêts. Ils arrachent les tuiles du toit de la maison, couchent les épis dans les champs de blé et cassent de grosses branches.

Dès le matin, Bastien se précipite vers le petit arbre. Soulagement ! Il est toujours là, il a résisté.

« Tu vois, dit grand-père, il a déjà de bonnes racines, il tient bien. »

Bastien garde espoir, peut-être pourra-t-il voir la petite graine devenir un arbre. Pour cela, il sait qu'il devra attendre.

Les années passent. Un jour, le grand-papa meurt. Bastien est triste, la ferme est vide, il n'y a plus de vie. Il s'approche du petit arbre en pensant :

« Il ne sera jamais un arbre majestueux, c'était une idée à grand-papa. »

Les occasions de venir à la ferme se font de plus en plus rares. Peu à peu Bastien oublie la petite graine.

Bien plus tard, il rencontre celle qui deviendra son épouse. Ils décident de faire la fête à la ferme de grand-papa. Le soleil rayonne, les invités sont heureux. Bastien pense alors à nouveau à la petite graine. Elle est devenue un arbre qui donne déjà de l'ombre. Bastien raconte son histoire à ses amis. Il est déçu, parce que les invités rient en disant :

« Tu peux toujours attendre, tu risques de ne jamais voir l'arbre majestueux de ton grand-père ! »

Dans son cœur cependant l'espoir est toujours présent. Les paroles de son grand-papa lui reviennent encore et encore :

« Tu verras, il deviendra un arbre majestueux. »

Depuis ce jour, Bastien revient chaque année voir son petit arbre. Peu à peu il grandit, mais il reste encore et toujours un petit arbre. Il voit ses petits-enfants venir au monde, dont le « P'tit Bastien ». On l'appelle ainsi parce qu'il ressemble comme deux gouttes d'eau à son grand-père, celui qu'on appelle maintenant le « Vieux Bastien ». Bastien est fou de joie.

« Pour le baptême du P'tit Bastien, je vous invite tous à la ferme de grand-papa ! lance-t-il ».

Toute la famille, les amis et les voisins sont présents. Comme il fait chaud, on dresse une grande table un peu plus haut sur la colline, sous le grand arbre. On se met à partager le meilleur pain, les meilleurs vins et les plus succulents des mets.

Soudain, le Vieux Bastien devient songeur. Ses yeux embués de larmes regardent tout autour de lui. Chacun se demande ce qui lui arrive. Son vieux corps se lève et ses bras s'en vont toucher l'arbre. Il tente de l'entourer de ses bras, mais il n'y arrive pas. L'arbre est trop grand. Il commence alors à compter les branches ... Il n'y arrive pas, elles sont trop nombreuses. Il aperçoit des oiseaux qui chantent et qui jouent dans les feuilles. En lui s'installe une paix profonde.

Il a fallu attendre, attendre et encore attendre, il a fallu faire preuve de beaucoup de patience, mais finalement, comme l'avait dit son grand-papa, la petite graine est devenue un arbre majestueux.

Ce fut un dimanche merveilleux. Le Vieux Bastien a le cœur en paix en voyant sa famille, ses amis et ses proches se réjouir sous le grand arbre.

C'était le baptême du P'tit Bastien. Un dimanche où le pasteur avait lu ces quelques lignes de l'évangile de Luc : « Il y avait à Jérusalem un certain Siméon. Cet homme était juste et pieux. Il attendait celui qui devait sauver Israël. Guidé par l'Esprit, Siméon alla dans le temple. Quand les parents de Jésus amenèrent leur petit enfant afin d'accomplir pour lui ce que demandait la loi, Siméon le prit dans ses bras et remercia Dieu, en disant : ‹ Maintenant, Seigneur, tu as réalisé ta promesse : tu peux laisser ton serviteur s'en aller en paix. ›» Luc 2 : 25

Redaktionsschluss

«Da hast du uns was Schönes eingebrockt!», meint Matthäus durchaus gereizt. «Warum hast du dich nicht an die Überlieferung gehalten und zum Beispiel Herodes' Versuch, das Jesuskind zu töten, irgendwie in deine Geschichte eingebaut?» «Weil ich im Archiv auch auf andere Quellen gestossen bin!», murrt Lukas. «Zum Teufel mit den Archiven! Musst du dich immer als Historiker aufspielen?!» Lukas seufzt: «Die historische Grundlage ist für den Chefredaktor ja nicht das Entscheidende. Vor allem geht es ihm darum, auf Weihnachten hin den lang geplanten Sammelband endlich zu veröffentlichen. Darin möchte er aber die Widersprüche auf ein Minimum beschränken. Er hat gesagt, das sei sonst eine Überforderung der Leser», erklärt Lukas weiter. «Vielleicht der Leserinnen. Die verstehen doch gar nicht, um was es geht», brummt der ältere der beiden.

«Jetzt aber mal halblang», fällt ihm Lukas ins Wort: «Ich fand die alte Gesellschaftsordnung ja auch besser, aber unser Herr Jesus Christus, gelobt sei er in Ewigkeit, hat nun mal auch Jüngerinnen gehabt. Und glaubt man Markus, Gott sei ihm gnädig, waren Jesu Jünger manchmal deutlich begriffsstutziger als die Fr...» «Wie dem auch sei», unterbricht ihn Matthäus, «wenn die Leute nicht einmal vier Evangelien und ein paar Briefe bewältigen können – wir haben uns ja beschränkt –, sollen sie die Finger von dem Sammelband lassen. Wir haben das ja nicht aus der Luft gezaubert.» «Schon recht», versucht Lukas mit seinen Erklärungen fortzufahren, «aber dass die Geschichten kindertauglicher werden, das ist eine klare Vorgabe für den Sammelband.» «Meine Geschichte ist durchaus geeignet für Kinder. Etwas Angst hat noch niemandem geschadet! Ich ändere auf jeden Fall nichts!», fällt ihm Matthäus wild gestikulierend ins Wort. «Also mir kommen an deiner Didaktik manchmal schon so meine Zweifel ...», murmelt Lukas vor sich hin. «Ihr seid alle verweichlicht!», krächzt Matthäus heiser.

Lukas beugt sich nun zu Matthäus vor und sagt mit etwas übertriebener Artikulation und unterdessen auch etwas gereizt: «Wir haben nun mal das Problem, dass Markus, Gott sei ihm gnädig, ein Minimalist gewesen ist. Hätte er nur ein paar Bemerkungen zur Geburt Jesu niedergeschrieben! Nicht einmal seinen Stammbaum hat er berücksichtigt! Jetzt haben wir auch dort den Salat. Sogar die Auferstehung hat er ...» Matthäus beugt sich nun auch zu Lukas vor, so dass sich ihre Nasenspitzen fast berühren, und sagt langsam, eindringlich und fast flüsternd: «So, du Grünschnabel. Du hast das Werk des Meisters, Gott sei ihm gnädig, schon genug auseinandergepflückt und mit deinem geschnörkelten Griechisch strapaziert. Auf meinen Freund Markus, Gott sei ihm gnädig, lasse ich nichts kommen!» «Was heisst hier *mein Freund*, du hast ihn ja gar nicht gekannt», meint Lukas spöttisch. Matthäus lehnt sich zurück: «Nun ja, nicht direkt, aber seine Schwester.» «Das wusste ich ja gar nicht, interessant, interessant ... Hat sie im Vertrauen so einiges ausge...»

«Vergiss es mal ganz schnell wieder», fährt Matthäus eilig fort. «Kommen wir zum Grund unserer leidigen Diskussion zurück, diesem Projekt *Sammelband*. Also erstens: Ich war vor dir. Wenn sich einer anpassen muss, dann du. Zweitens: Die Sache mit den Tieren kann sich der Chefredaktor aus dem Kopf schlagen. In meine Geschichte kommen weder ein Ochse noch ein Esel, kein Elefant oder sonst was. Und überhaupt: Ich habe genug von diesem ganzen Zirkus!» «Aber die Kinder? Ein paar Tiere bei der Krippe, das wär doch machbar ...», versucht es Lukas vorsichtig. Auf Matthäus' Stirn quellen die angespannten Adern immer deutlicher hervor: «Mein Evangelium ist keine Kindergeschichte! Ha, ein Evangelium in kindgerechter Sprache, damit es allen gefällig ist?! Nein, das Evangelium hat Kanten! Und überhaupt brauche ich diesen Sammelband nicht. Ich habe genug Leser. Dahinter steckt doch eigentlich dieser Emporkömmling Johannes. Er will sich damit nur in unseren Windschatten stellen. Ohne unsere Vorarbeit versteht sein Evangelium doch keiner. Übrigens habe ich ihn kürzlich auf der Strasse gesehen. Ich könnte wetten, er hatte ein Manuskript von dir unter dem ...» Lukas wird nun definitiv ungeduldig: «Das ist mir egal. Er hat einiges auf den Punkt gebracht. Das musst du zugeben. Er ist wirklich ein Gewinn!»

Matthäus seufzt nun und senkt seine Stimme: «Ich bin einfach zu alt. Ich bin müde. Ich will nur, dass man mich in Ruhe lässt, und etwas mehr Respekt! Hast du übrigens gestern den Cartoon über dich in der Zeitung gesehen? Darin porträtierst du die Maria. Hast dich für dein Alter gut gehalten, mein Junge ...».

Matthäus bricht dabei in ein röchelndes Lachen aus. Lukas schenkt ihm nur einen müden Blick, räuspert sich und lehnt sich im Stuhl zurück: «Lass mich doch endlich ausreden. Das Ganze war nämlich noch etwas delikater. Der Chefredaktor wollte ja nicht nur die Widersprüche verringern, sondern dass wir uns für *eine* Kindheitsgeschichte Jesu entscheiden, auf Herodes verzichten und uns auch alle für einheitliche Schauplätze entscheiden. In dieser Form wollte er die Geschichte dann sogar in alle Evangelien einbauen.» Lukas hebt besänftigend die Hand, Matthäus' Zähneknirschen verstummt wieder, und der Jüngere berichtet weiter: «Da ist doch der zartgliedrige Johannes, den ich bis dahin im Büro gar nicht bemerkt hatte, vom Stuhl aufgesprungen, hat seinen Vertrag dem Chefredaktor vor die Füsse geworfen und mit einer Stimme, die mich fast erzittern liess, gesagt: ‹Was wir geschrieben haben, haben wir geschrieben!› Und mit einem Knall ist die Tür ins Schloss gefallen.» «Sieh einer an, das hätte ich dem Jungchen gar nicht zugetraut. Ich muss zugeben, vom Wort versteht er schon was», sagt Matthäus nachdenklich vor sich hin.

Lukas fährt fort: «Da hab ich dem schon bleichen Chefredaktor vorgeschlagen, er solle doch die Briefe des Paulus und diese Science-Fiction-Geschichte des anderen Johannes – übrigens gar nicht übel, wenn auch manchmal etwas drastisch – nur mit dem Evangelium von Markus, Gott sei ihm gnädig, veröffentlichen. Allenfalls würde ich ihm noch meine Studien zu den Aposteln zur Verfügung stellen. Du hättest ihn sehen sollen. Er hat getobt und geschrien, wir würden ihm sein Weihnachtsgeschäft kaputt machen. ‹Tja›, hab ich da gesagt, ‹Redaktionsschluss war für Markus, Matthäus, Johannes und mich schon vor einiger Zeit. Dann frohe Weihnachten, Herr Chefredaktor›.» Matthäus' Gesicht nimmt wieder seine normale Farbe an, und mit nun fast verdächtig guter Laune giesst er den letzten Schnaps in die Gläser und prostet seinem auch nicht mehr ganz jungen Freund zu: «Auf die Geburt unseres Herrn Jesus Christus! Frohe Weihnachten, mein Junge.»

Josefs Traum

«Ich sehe schon die Lichter von Betlehem, Maria. Halte durch! Bald sind wir in einer warmen Herberge, wo du dich von den Strapazen der Reise erholen kannst.» Josef wollte Maria Mut machen, denn sie verspürte die ersten Anzeichen von Wehen. Das letzte Feld vor der Stadt, auf dem Hirten lagerten und ihre Schafe hüteten, lag jetzt hinter und das Stadttor vor ihnen. Josef und Maria waren nicht die einzigen, die eine Unterkunft in Betlehem suchten. Viele Menschen waren unterwegs, um sich in ihrer Heimatstadt in die Steuerlisten eintragen zu lassen.

Das Gedränge am Tor war gross und Josef stellte sich schützend vor Maria. Er nahm seinen Lederbeutel, bezahlte den Torzoll und sie traten ein in die Stadt Davids. In Anbetracht ihrer Lage musste Josef so schnell wie möglich eine Herberge finden. Das war ein schwieriges Unterfangen, weil sich vor den wenigen Herbergen der Stadt Trauben von Menschen gebildet hatten, die eine Bleibe suchten. «Bitte lasst uns vor. Meine Frau ist hochschwanger und die Wehen haben schon eingesetzt», bat Josef die Wartenden. «Wir haben auch gute Gründe, eine Kammer zu suchen. Stelle dich also hinten an», entgegnete eine Stimme unwirsch. Da fasste ein Junge Josef und Maria an der Hand. «Kommt mit mir. Mein Vater hat auch eine Herberge. Er wird euch sicher helfen.» Das Paar folgte dem Jungen durch enge, verzweigte Gassen, bis sie schliesslich vor besagter Herberge standen. Auch hier hatten sich viele Menschen eingefunden.

Der Knabe führte Josef und Maria zu einem Nebeneingang und brachte sie zu seinem Vater, dem Wirt.

«Guter Mann, euer Sohn war so freundlich uns hierher zu führen. Seht, meine Frau hat Wehen und wir wären ihnen dankbar, wenn sie uns eine Kammer geben könnten.» «Wir sind leider schon ausgebucht», entgegnete der Wirt, «aber wenn ihr wollt, könnt ihr in unserem Stall unterkommen. Er ist nicht weit von hier. Mein Sohn wird euch hinführen.» Dankbar liessen sich Maria und Josef vom Jungen zum Stall begleiten.

«Wenn es so weit ist, verlangt nach meiner Frau», rief der Wirt ihnen nach, «sie hat Erfahrung. Sie hat schon so manches Kind zur Welt gebracht.»

Fünf Stunden später, kurz nach Mitternacht war es so weit. Maria brachte ein gesundes Kind zur Welt. «Gratuliere. Es ist ein Junge! Wie heisst er?» «Jeschua – Gott hilft», antwortete der glückliche Josef. Die Wirtsfrau wickelte das Kind in warme Tücher und legte es Maria an die Brust.

Und dann lässt Josef Maria und das Kind in der Obhut der Wirtsfrau und macht sich auf den Weg, um sich in die Steuerliste eintragen zu lassen. Er ist früh unterwegs und steigt als einer der ersten die steilen Treppen zum römischen Amtssitz hinauf. Ihn fröstelt der Anblick der hohen, mit Marmorsäulen gesäumten Eingangshalle. Er wird von einem schlecht gelaunten Soldaten schroff angewiesen, Platz zu nehmen und zu warten. Die Kälte, die ihm entgegenschlägt, nimmt ihm den Atem. Nach einiger Zeit schickt ihn der Soldat in einen Raum. Josef tritt ein und sieht am anderen Ende einen grossen Steintisch stehen, links und rechts davon unbeweglich zwei Römer mit aufgerichteter Lanze. In der Mitte sitzt ein schmächtiger Mann mit rotem Hemd und goldenem Brustpanzer. Mit einer müden

Handbewegung fordert er Josef auf, vor ihn zu treten. Ohne Begrüssung beginnt er mit metallener Stimme:

Name? – *Josef Ben Jaakov*

Wohnort? – *Nazaret*

Beruf? – *Zimmermann*

Alter? – *dreiundzwanzig*

Zivilstand? – *verlobt*

Verlobte? – *Maria Bat Anna*

Kinder? – *Jeschua Ben Josef*

Als Josef den Namen seines Sohnes ausgesprochen hat, befällt ihn ein leichter Schwindel. Es scheint ihm, als ob sich der Boden unter seinen Füssen bewegte. Tisch, Soldaten, Lanzen, Brustpanzer beginnen vor seinen Augen zu verschwimmen. Der Duft von frischem Stroh steigt ihm in die Nase. Eine wohltuende Wärme breitet sich über den kalten Marmor aus. Die Fragen des römischen Beamten schwirren durch die Luft, zerreissen in Wortfetzen und brechen in einzelne Buchstaben auseinander.

Josef scheint es, als würden sich die Buchstaben weit entfernt wieder finden und neu zusammensetzen. Er nimmt Worte wahr: *Fürchtet euch nicht, grosse Freude, Retter, geboren, Ehre sei Gott, Friede den Menschen.* Er spürt warmen, herb riechenden Atem auf seiner Wange.

Als er die Augen öffnete, blickte er in das Gesicht eines gutmütig dreinschauenden Ochsen. Verwirrt blickte er um sich und sah Maria, die gerade das Kind in eine Futterkrippe legte und leise dazu summte. «Na, frischgebackener Vater, gut geschlafen?»

Ein freundliches Hirtengesicht wandte sich Josef zu. «Du scheinst aufregend geträumt zu haben. Ja, so eine Geburt ist auch für den Vater ganz schön anstrengend, umso mehr, als

die euch oben in der Stadt in keiner Herberge Einlass gewährt haben. Weist euch dieser Wirt einfach einen Stall zu. Aber so sind sie, die Herren. Ich kenne das. Als Hirte wirst du von denen keines Blickes gewürdigt. Dafür haben wir hier etwas ganz Besonderes erlebt. Dein Sohn, Josef, also ich weiss nicht ... mir war, als ob seine Geburt von Engelsgesang begleitet wurde. Und dann dieser schöne Stern heute Nacht. Die Geburt eures Sohnes steht unter einem besonderen Stern. Schau ihn dir an, deinen Jeschua! Mir wird warm ums Herz, wenn ich ihn so ansehe. Noch nie habe ich solchen Frieden verspürt. Nie zuvor habe ich in Augen geblickt, die eine solche Liebe ausstrahlen und mich dazu bewegen wollen, laut in die Welt hinauszuschreien: ‹Hört, ihr Menschen, es gibt doch noch Hoffnung. Sie ist heute geboren!›» Er atmete tief durch, nickte Josef und Maria aufmunternd zu und verabschiedete sich: «Ich muss wieder zurück zur Herde. Die brauchen mich. Schau gut zu deiner Familie Josef und brich bald auf. Die Zeiten hier sind unsicher.»

Als der Hirte den Stall verlassen hatte, blickte Josef seinem Sohn ins Gesicht und nahm sich die Worte des Hirten zu Herzen. Noch am selben Tag brach er nach Einbruch der Dämmerung mit Maria und dem Kind auf nach Ägypten. So kam es, dass Jesus nie in eine Steuerliste, dafür aber in ganz viele Herzen eingetragen wurde. Noch heute sucht er unsere Herzen und er findet da Herberge, wo wir ihn einlassen.

Le retour des rois mages

Après avoir rendu leurs hommages à l'enfant Jésus, les rois mages repartent, évitent de passer à Jérusalem et rentrent chez eux. « Ils retournèrent par un autre chemin », nous dit la Bible. Mais où donc ont-ils passé ?

Melchior fut le premier à arriver chez lui. Aussitôt il appela son intendant et lui dit : « Convoquez une grande fête, invitez tout le village, toute la région, les riches, les pauvres, les hommes, les femmes, les enfants, je veux que tous participent à cette fête. Préparez la viande, les grains, les légumes, les fruits et les pâtisseries. Ne lésinez pas sur les quantités. Je veux qu'il y ait abondance et joie. »

L'intendant lui dit : « Mais, Melchior, nos caisses sont vides, vous le savez, la sécheresse, les mauvaises récoltes, nous avons dû acheter des tentes et puis ce voyage en Palestine a coûté une somme imprévisible. »

« Ça ne fait rien, dit Melchior, je veux raconter loin à la ronde mon voyage et dire la nouvelle de ce roi. »

L'intendant a encore essayé de protester. Il a proposé qu'on limite la dépense en choisissant les invités, en calculant au plus juste les quantités ou en renonçant aux musiciens. En vain, Melchior n'en démordait pas : «Dans trois jours, à la tombée de la nuit, la fête aura lieu et je la veux généreuse. »

La nouvelle se répandit comme une traînée de poudre. Ce fut le branle bas de combat dans toute la région. Les bouchers se mirent au travail, les pâtissiers aussi, les femmes préparèrent leur plus belle robe, les enfants étaient obligés de se laver et les hommes allaient tous chez le barbier.

Puis ce fut le grand jour. Melchior tenait à accueillir personnellement tous les convives. Ils arrivaient de toute la contrée et remplissaient la place. Les enfants couraient, des magiciens faisaient leurs démonstrations. On servait du thé, des jus de fruits et du vin de palmier. Les musiciens jouaient sur leurs flûtes et leurs tambourins. Des moutons rôtissaient sur d'immenses brasiers et toute la place était envahie d'une agréable odeur. A l'apparition de la première étoile, le buffet était prêt. Les gens mangeaient à satiété et discutaient tranquillement.

Alors Melchior se leva, demanda le silence et dit : « Ce que j'ai à vous dire est si important, que j'ai tenu à ce que vous soyez tous là. Il y a quelque temps, j'ai suivi une étoile, qui était plus brillante que les autres. Elle m'a conduit à Bethléem auprès d'un enfant. La maison était petite, ses parents pauvres comme la plupart des gens de notre village. L'étoile s'est arrêtée au-dessus de cette maison. A l'intérieur, une lumière chaleureuse remplissait de joie et de bonheur tous ceux qui étaient là. L'enfant lui-même brillait de l'intérieur comme une étoile. Je n'avais jamais vu ça. »

Puis Melchior regarda le ciel, il montra les étoiles et il continua : « Comme vous le savez, les anciens disent que les dieux habitent le ciel. Ils sont dans les étoiles d'où ils nous guident. En voyant cet enfant, j'ai eu le sentiment qu'une étoile était descendue sur terre et que Dieu lui-même était venu habiter parmi nous. »

C'était le silence absolu sur la place. On n'entendait plus que le crépitement du feu. Melchior souriait et ajouta encore :

« Je tiens à partager avec vous cette grande joie et maintenant que la fête continue ! »

Balthazar avait un chemin beaucoup plus long à faire. Il était content d'avoir un bon chameau qui le conduisait sans rouspéter.

Il se laissait balancer par le rythme des pas du chameau. Ses pensées allaient et venaient, bercées par les mouvements réguliers de l'animal. L'étoile, Bethléem, l'enfant, sa maison, les champs de riz. Tandis qu'il se balançait sur le dos du chameau, il s'assoupit. Il fit un rêve. Il voyait sa maison et les champs de riz et les paysans courbés dans les champs. Des hommes, des femmes surtout, même des enfants. Misérables, mal vêtus. Des corps fatigués et éprouvés par un travail épuisant. Tout à coup, il vit un enfant qui le regardait. C'était l'enfant de Bethléem, il le reconnaissait. Il était dans ces champs de riz, parmi les gens courbés. Il criait, il l'appelait, il voulait lui dire quelque chose.

Balthazar se réveilla en sursaut, car son chameau avait trébuché sur une pierre. Lorsqu'il reprend ses esprits, il revoit cette rizière et cet enfant qui le regarde et qui l'appelle. A cette époque, quand on faisait un rêve, on pensait qu'il voulait dire quelque chose, une prophétie, un malheur, ou aussi un heureux événement. Aussi Balthazar voulait trouver la clé de son rêve.

« Que faisait-il dans cette rizière, se demanda-t-il, et que veut-il me dire ? » Il était mal à l'aise, il ne comprenait pas pourquoi cet enfant, ce roi était là avec ces paysans. A partir de là Balthazar ne cessait de réfléchir à cet enfant qui l'appelle dans le champ de riz. Peu à peu il s'est rendu compte que l'enfant l'intéressait et que les femmes et les enfants et les hommes qui travaillaient aux champs l'intéressaient aussi.

« Si l'enfant va dans le champ de riz, moi aussi je veux y aller », se disait-il. «Je veux aussi faire ce travail, rencontrer ces femmes, ces enfants, ces hommes qui cultivent les champs et qui se fatiguent. Si ce sont les amis de cet enfant, ce sont aussi mes amis. Je veux les connaître, être là où il est. »

Il se souvenait avec honte à quel point il avait pu mépriser ces paysans et leur misère. Alors il fait le vœu suivant : « Si je rentre sain et sauf après ce long voyage, si je retrouve ma maison et mes rizières je m'engage à aller moi aussi dans ces champs, vers ces gens, toucher de mes mains le riz, l'eau, la boue, je veux sentir la douleur, la fatigue et la sueur. Oui, je fais le vœu, de ne pas rester dans mon palais, mais d'aller, là où tu es, toi l'enfant roi et te rencontrer. »

Gaspard était revenu complètement détraqué de son voyage à Jérusalem. Etait-ce à cause du soleil et de la chaleur, ou à cause de l'eau des puits. Ou à cause du mal de mer au retour ? Quoi qu'il en soit, Gaspard avait perdu du poids et il ne trouvait ni le sommeil, ni l'appétit. Son humeur était assombrie par son voyage, ce qui inquiétait le plus sa femme qui n'avait pas l'habitude de le voir ainsi.

Elle voulait savoir, essayait de le questionner, mais plus elle en parlait, plus il s'enfonçait dans son mutisme. L'entourage de Gaspard ne comprenait non plus. Lui qui était d'habitude si jovial, si gai, si bavard et entreprenant, voilà qu'il passait des journées entières enfermé dans sa chambre, à réfléchir et à méditer. Il ne prêtait pas attention aux signes d'amitié et renvoyait ceux qui essayaient de s'approcher de lui. Rien ne semblait l'amuser, rien ne l'intéressait, il disait juste ceci : « Laissez-moi tranquille, je dois réfléchir. » Et il s'enfermait jour et nuit dans sa chambre et n'accepta plus rien ni personne.

Gaspard était tout retourné de ce qu'il avait vu en Palestine. L'étoile, la maison, cette nuit si sereine et surtout l'enfant :

«Présence divine», se disait-il et il était troublé, car il pensait aux forces qui habitent les arbres et les marais, aux pouvoirs magiques des plantes et aux présences divines qui peuplent la forêt.

Au bout de quelques jours, il prit son meilleur cheval et se rendit dans la forêt, chez Han, un ermite réputé pour sa sagesse et ses dons de guérison. Il lui expliqua ses impressions de voyage et il lui demanda : «Les forces avec lesquelles tu nous soignes, ont-elles quelque chose à faire avec cet enfant ?»

«Le sacré a mille visages, lui répondit Han, il peut être dans une biche qui file, dans un arbre ancestral, dans l'eau fraîche d'une source. A qui sait s'ouvrir il parle des dieux et des hommes, de la vie et de la mort, des affaires d'ici et de celles d'après. Ton enfant était certainement un de ces messagers. Si tu as senti une présence divine en lui, parle-lui, laisse-lui te donner la paix et la chaleur qui rayonnait là-bas. Chaque image du sacré nous dit un aspect de la vie et des dieux. Les fêtes des saisons nous incitent à respecter les cycles, les fées nous montrent que l'on peut espérer, même lorsque l'on est dans le malheur. D'autres esprits nous rappellent que les dieux tiennent la destinée des hommes en leurs mains. Ce sont des signes qui indiquent que la réalité a un sens caché. Elles renvoient à la profondeur de la vie.»

«Et l'enfant ?» demanda encore Gaspard.

«Prends-le comme une pierre blanche que la vie et les dieux ont mis sur ta route», répliqua Han et il enchaîna : «L'important est de voir derrière les apparences, de rechercher la véritable lumière, là où l'homme rejoint le divin. Découvrir le lien entre le divin et les humains et aussi avec les animaux, les forêts, les arbres, les eaux, les esprits. J'aime chercher, comprendre, sentir et découvrir. La vie, les liens entre les êtres, tout ceci me passionne !»

Gaspard se réjouit des paroles de Han. Il vit l'enfant et les forces de la forêt unis sous les mêmes sapins. Il se sentait avec eux et une paix profonde l'envahit. Le lendemain, il remercia Han et se remit en chemin. Arrivé chez lui, il annonça qu'il se sentait bien et qu'il avait découvert à quel point la vie est précieuse. Et il reprit ses activités.

Melchior fait la fête sous les étoiles, il se réjouit de Dieu qui est descendu de son ciel et qui est parmi nous. Balthazar fait un rêve; il a quitté son palais pour rencontrer cet enfant parmi les gens de la rizière. Gaspard se réjouit de la vie, de ses secrets et de ses élargissements. Tous ont reçu la lumière qui transforme.

On raconte parfois qu'il y avait un quatrième roi mage qui se serait perdu sans arriver à Bethléem. En fait, c'est après avoir vu l'enfant qu'il a décidé de ne pas rentrer chez lui. Et il a parcouru le monde pour retrouver l'enfant de l'étoile. Mais en vain. Peut-être vous le rencontrerez. Alors, si vous le voyez, dites-lui de regarder la lumière qui brille dans les regards des enfants. Elle est le reflet de l'image du ciel sur terre. Faites-lui un signe de paix, un de ces gestes simples qui peut faire de chacun de nous un mage pour ceux que nous rencontrons.

Cédric Rothacher

Josef

auf der Flucht
vor der Schande
erscheint der Engel
und zeigt dir mehr
als Augen sehen

in der Tiefe der Nacht
das Geheimnis Gottes

«Maria ist schwanger»
ist Zukunft
ist Hoffnung
ist Leben

unerwartet
ungeplant
ungewollt

und du
Vater wider Willen
erkennst

das Kind
ist dein Kind
ist Gottes Kind

Und Maria hüpfte

Ja, sagte Maria einst, wenn das für mich so vorgesehen ist – mir geschehe nach deinem Willen.

Meine Maria lebt noch. Sie ist bereits eine alte Frau, eine dankbare, versöhnt mit ihrem Schicksal, mit Lieben und Leiden, mit Einsamkeit und Schmach. Sie lebt im Altersheim, und von Zeit zu Zeit besuche ich sie.

Manchmal, wenn sie vor mir sitzt, erzählt und dann wieder still wird, denke ich: «Ach Maria, du scheinst abschiedsbereit, reisefertig» – und dieser Gedanke betrübt mich; ich weiss, dass ich sie vermissen werde.

«Wie war sie für dich, diese Geschichte, damals während des Zweiten Weltkriegs?», frage ich bei einem Mittagessen. – Da war Angst, da war viel Ungewisses, Bedrückendes einerseits, und andererseits eine entsprechend grosse Sehnsucht nach Liebe, nach Leben, nach Fülle, nach Frieden.

Und eines Tages lernt sie ihn kennen. Er, ein Pädagoge, verheiratet, charmant und feinfühlig, Offizier, eine imposante, dunkle Erscheinung, gefällt ihr gut. Sie lieben sich an geheimen Orten. Es sind verbotene Stunden, gestohlenes Glück. Die Anfangszeit, als das Wünschen noch geholfen hat, geht an Maria schnell vorbei – sie wird schwanger, ist ledig, bleibt es – und ist wieder allein.

Schande über uns, behauptet der Vater, und die Mutter schaut sorgenvoll drein – weiss keinen Rat. Und der Pfarrer verspricht dem pater familias in einer Art Kondolenzbrief, dass er alles dafür tue, die Tochter in den Schoss Gottes zurückzuführen.

Als sich Marias Bauch zu runden beginnt, verlässt sie auf Geheiss ihrer Eltern und auf Rat des Geistlichen ihre Heimatstadt und findet eine Herberge in den Bergen bei Verwandten. Dann die Hausgeburt – ist keiner da, der sich freut? Aber doch, Maria zwinkert. Sie entscheidet sich, ihren Freundinnen und der Verwandtschaft die Geburt ihres Kindes anzuzeigen. Dafür wählt sie ein einfaches Kärtchen aus. Dass sie sich freut, ja, das ist ihr wichtig, und das teilt sie mit. Schriftlich, sogar den Eltern und auch dem Pfarrer.

Und alle Empfindungen, Bedenken und Glücksgefühle schreibt sie in ein Tagebuch: «Das Kind, ein Knabe, hat dunkle Augen», lese ich auf der ersten Seite, «hat Hände, die nach meinen Fingern greifen. Eine tiefe Dankbarkeit erfüllt mich. Ich freue mich, bin glücklich und lobe Gott für dieses Geschenk.»

Maria bleibt noch einige Zeit in den Bergen – dann packt sie ihr Kind in einen gebrauchten Kinderwagen und macht sich auf die Heimreise, ins Haus ihrer Kindheit, zurück zu den Eltern. Kein Mensch steht am Bahnhof, keiner ist da, der sie abholt und den Weg nach Canossa mit ihr teilt.

«Weisst du», erzählt sie, «es brauchte damals Kraft, als alleinstehende Mutter heimwärts zu gehen. Ich sah die Vorhänge, die sich hinter den Fenstern verschoben, spürte die Blicke auf mir lasten. Ich lächelte tapfer in den Kinderwagen – und als mein Kind zurücklächelte, da hüpfte ich.»

«Maria, und der Vater des Kindes, was ist aus ihm geworden?» Maria klaubt ein Bündel Briefe aus dem Schrank. «Hier», sagt sie. Die Briefe sind eine Art Auseinandersetzung zwischen zwei Menschen, die in einer Kultur des Schweigens und Verschweigens gross werden und sich dem Diktat von Kirche und Gesellschaft beugen müssen. «Ich musste den Kontakt abbrechen, um überhaupt wieder Einlass ins Elternhaus zu erhalten.»

Daran hält sie sich im Grossen und Ganzen. Die Gedanken aber bleiben frei. Die Gefühle auch. Doch Briefe schreiben, über sich, über das Kind, Briefe lesen, wie er ohne sie beide lebt und alles verschweigen muss: Das geht weiter. Privatissimo.

Er ist schon einige Jahre tot, als Maria sein Grab aufsucht. Sie legt einen Stein nieder, ein Zeichen nur, dass sie da gewesen ist.

Und dereinst, im Himmel, sagt sie, werde sie ihn suchen und finden und umarmen und ihm auf der Flöte jenes Lied spielen und vorsingen, das sie durchs Leben geleitet hat. «Fröhlich soll mein Herze springen», alle Strophen. Und sie will ihm danken, einfach nur danken. Er hat ihr Leben hell gemacht.

Maria. Ach, sie wird mir fehlen, aber ich werde nicht aufhören, mich an ihre Lebensmelodie zu erinnern und ihren Zuspruch zu hören: Das Licht der Liebe ist überall und kann immer wieder aufflackern und Sorgen und Kummer überstrahlen. Kreuz und Krippe gehören zusammen.

Michael Graf

Moira wird es dort besser haben

In Kilrush, einem Städtchen am Meer bei der breiten Mündung des Flusses Shannon im Westen Irlands, wurde am Abend des 12. Juni 1983 Joe, der 21-jährige Sohn des Ehepaars Murray, von seinem Vater in die Küche des für irische Verhältnisse sehr grosszügigen Wohnhauses zitiert. Der Vater, ein im Städtchen angesehener Notar, war ausser sich vor Wut, die Mutter sass auf einem Stuhl und heulte hemmungslos. Als Joe die Küche betrat, schlug ihn sein Vater mit voller Wucht ins Gesicht, worauf Joe zu Boden stürzte. Der Vater hätte wohl auf seinen Sohn eingetreten, wenn nicht die Mutter von ihrem Stuhl aufgefahren und ihn zur Seite gedrängt hätte.

Danach schrie und tobte der Vater minutenlang. Erst nach einer Weile realisierte Joe, dass in der Stube der Priester sass.

Father Padraigh stand auf und kam in die Küche. Es war plötzlich sehr still. Dann sagte er ganz langsam: «Es ist für mich eine furchtbare Enttäuschung, dass du der Fleischeslust nachgegeben hast und dich hast verführen lassen von diesem ...», er machte eine kurze Pause und seine Miene verzog sich zu einem Ausdruck von äusserster Verachtung, «Luder, dieser kleinen Hure.»

«Oh, diese Schande, diese Schande, diese Schande!» Immer wieder wiederholte Joes Mutter das Wort: Schande. Der Priester hatte ihr und ihrem Mann eröffnet, dass Moira, die 18-jährige Tochter des ständig betrunkenen Hafenarbeiters Eamon, schwanger sei. Von Joe. Man hätte schon lange getuschelt über diese unanständige Beziehung, aber er, der Priester, hätte schwören können bei der Heiligen Jungfrau Maria, dass Joe, der doch ein guter und gläubiger und hochanständiger junger Mann sei, sich auf «so etwas» niemals einlassen würde. «Ich bin sehr enttäuscht», sagte der Priester zu Joe, der halb kauerte, halb stand in der Ecke der Küche. «Aber tief in meinem Herzen bin ich sicher, dass du das überhaupt nicht wolltest, dass du standhaft bleiben wolltest, dass du dich nicht versündigen wolltest, dass du warten wolltest auf ein gutes, anständiges Mädchen, gewiss nicht auf so ein niederes Geschöpf wie diese ...», er ekelte sich schon wieder, «Moira». Dann schwieg Father Padraigh für einen Moment. Und plötzlich wurde seine Stimme sehr sanft: «Sie hat dich doch verführt, stimmt's? Du hast dich gewehrt und wolltest gehen, aber sie hat dich bezirzt und dir die Sinne geraubt und du wolltest gehen und fliehen vor dieser Versuchung? Und doch war die Versuchung zu gross und du littest sehr und wolltest noch auf dem ...», wieder stockte der Priester, «Bett der Wollust und Sünde aufstehen und fliehen, fliehen?»

Joe wollte etwas sagen. Aber der Priester hob die Hand und sagte leise, aber sehr deutlich: «Sag jetzt nichts, Joe, sag jetzt nichts. Ich weiss, wie es in dir aussieht. Ich weiss, dass dein Herz im innersten Kern nicht verdorben ist, ich weiss, dass du das nicht gewollt hast, ich weiss, dass die Versuchung zu stark war. Du wirst büssen müssen für deine Schwachheit. Aber du wirst später glücklich werden mit einer Frau, die deiner würdig ist und die sich nicht befleckt und entehrt hat. Deine Eltern werden dir vergeben, und die Kirche wird dir auch vergeben, wenn du nur Reue zeigst. Wenn du mir sagst, dass du gegen die Versuchung gekämpft hast, dass du dich gewehrt hast gegen die Lust, die diese kleine Schlange dir versprochen hat, mit der sie dich ins Verderben ziehen wollte; wenn du mir sagst, dass du das gar nicht gewollt hast, dann wird diese schreckliche Geschichte schon sehr bald ein Ende haben und sie wird nichts anderes bleiben als ein dunkler Traum aus der Vergangenheit. Sie war es, die dich verführt hat gegen deinen Willen, sie hat dich ins Unglück stürzen wollen. Ist es nicht genau so?»

Joe sagte nichts. Die Mutter schluchzte. Der Vater ging in der Küche auf und ab, er konnte sich kaum beherrschen.

Der Priester fuhr fort: «Keine Angst, wir werden für sie sorgen. Der Doktor und ich sind gleicher Meinung, dass diese Person zu den Schwestern der Gnade gegeben wird. Nach Waterford. Das ist weit weg. Dort wird sie Demut lernen. Sie wird hart arbeiten. Sie wird die Chance erhalten, sich zu bessern. Die Schwestern kennen sich aus mit solchen gefallenen Geschöpfen. Sie werden sie zu einem anständigen Menschen machen. Sie werden ihr die sündigen Gedanken austreiben. Sie werden gut zu ihr schauen. Und es gibt so viele kinderlose Ehepaare in unserem Land, die sich nach einem Kind sehnen. Es wird nie erfahren, dass seine Eltern nicht seine leiblichen sind. Es wird ein gutes Leben haben, hab keine Angst.»

«Joe?» – der Priester redete so sanft er konnte wie mit einem Kind. «Joe? ich muss einfach noch von dir hören, dass es so war, wie es war: dass sie dich verführt hat. Ich muss es von dir hören, dass sie die Schuldige ist. Denn die Gesetze sind strenger geworden: Der Doktor und ich können uns nur um dieses gefallene Mädchen und das ungeborene Kind kümmern, wenn wir jemanden haben, der bezeugt, dass diese Moira einen durch und durch verdorbenen Charakter hat. Darum sag es mir. Sag mir, dass es genau so ist.»

«Nun sag schon endlich!», brüllte der Vater; «Bitte, bitte sag es!», stammelte die Mutter.

Joe wandte sich um und ging. Man hörte ihn die Treppe hoch in sein Zimmer gehen. Dann war es still.

«Es wird alles gut. Keine Angst. Joe ist ein vernünftiger Junge. Glauben Sie mir. Es wird alles gut», sagte der Priester und wandte sich zur Türe. «Schicken Sie mir Joe morgen früh vorbei. Dann erledigen wir die Formalitäten.»

«Danke, Father», antwortete die Mutter. Der Vater sagte nichts.

Am nächsten Morgen kam Joe nicht zum Frühstück. Als seine Mutter nach oben ging, war sein Zimmer leer. Die Schränke standen offen. Das kleine Heiligenbild auf dem Schreibtisch war weg, an seiner Stelle lag ein Zettel.

Auf dem Zettel stand:

Ich habe Moira gern. Ihre Seele ist wie die eines Vogels. Ich werde sie beschützen. Ich werde unser Kind beschützen. Lebt wohl.

Joe

Es muss doch bessere Lieder geben

Die innere Melodie von Weihnachten ist eigentlich ganz einfach: Es geht um den Himmel, der sich über uns öffnet, um ein Stück Himmel, das auf Erden sichtbar wird, greifbar, essbar. Darum diese Weihnachtsguetzli in Stern- und Mondform, diese Herzchen und Tierchen, die alle die Süsse des Himmels in sich tragen.

Dennoch, Weihnachten hat mit «uns» zu tun, mit einem Plural, mit etwas Gemeinsamem, das über die eigenen vier Wände hinausgeht. Der sich öffnende Himmel weist ja direkt auf das Draussen hin, etwas, das viele angeht. Ein geschlossener Himmel weist auf eine ausweglose Zeit hin, in der vieles fehlt, was Menschen zum Wachsen und Leben brauchen.

Aber, wie soll das zugehen, dass der Himmel sich öffnet? So einen besonderen Moment erlebt Rita im Film *Educating Rita*.

In einem Pub in Liverpool wird Bier getrunken und gesungen. Zum Reden ist es viel zu laut und zu hektisch. An einem Tisch sitzen Rita und ihre Mutter, neben ihren Männern. Die beiden Frauen singen nicht mit. Rita blickt zu ihrer Mutter hinüber und sieht, dass ihr Tränen über die Wangen laufen. Sie fragt sie, was denn los sei. Ihre Mutter antwortet: «Es muss doch bessere Lieder geben als diese.»

Dieser Moment wird zum Wendepunkt in Ritas Leben: In ihr brodelt es schon länger. Obwohl sie und ihr Mann hart arbeiten, liegt bei ihnen nicht viel mehr drin als hin und wieder ein solches Pub-Vergnügen. Das Leben erscheint ihr öde. Diese ewig gleichen Lieder mit den gegrölten Refrains wollen den Frauen nicht mehr über die Lippen kommen. Doch während ihre Mutter nur stille Tränen weint und ihre Handtasche festhält, fasst Rita den Entschluss, ihren Schulabschluss nachzuholen.

Rita bricht auf und verändert sich. Ihr Interesse an Poesie und Theater ist geweckt. Sie kritisiert die Eintönigkeit des Lebens der einfachen Menschen aus der Arbeiterklasse, der sie selbst angehört: Die Kluft zwischen ihrem neuen Leben und ihrem alten, inklusive Familie und Freunde, wächst. In dieser Situation fördert sie ihr Lehrer und sie gehen eine Beziehung ein, von der am Ende offen bleibt, ob sie Bestand hat.

Aber es ist nicht ihr Lehrer, der etwas aus ihr macht, oder die neue Beziehung, die besser wäre als die alte. «There must be better songs to sing than this.» Es ist dieses Suchen nach einem besseren Lied, das Ritas Aufbruch so komplex und ehrlich erscheinen lässt. Woher hat Rita diese starke Sehnsucht, die sie vorantreibt?

«There must be better songs to sing than this.» – Dieser Satz hat mich nie mehr losgelassen. Oft habe ich mich gefragt, was die Mutter wohl gehabt haben könnte und wie sie sich unter den Singenden gefühlt haben muss. Sie möchte weit weg sein, wahrscheinlich, überall, nur nicht hier. Oder umgekehrt: Sie möchte auch mitsingen können, sie wäre ja froh, wenn sie diese Lieder teilen könnte, doch sie bleiben ihr im Hals stecken.

Ritas Geschichte erinnert mich an diejenige von Mariam. Das Lukasevangelium nennt sie «Mariam» – später wurde ihr Name latinisiert zu «Maria». Mariam hiess wie viele andere

jüdische Mädchen damals. Der Name war im 1. Jahrhundert sehr beliebt, denn er erinnerte an den Auszug aus Ägypten. Er sprach vom Ende der Unterdrückung und liess die Prophetin des Exodus aufleben (Ex 15,20–21). Offenbar war die Sehnsucht nach Befreiung in Palästina während der römischen Herrschaft sehr gross.

Wie es genau mit dem Schulabschluss von ihr stand, kann ich nicht sagen. Jedenfalls ist ihr Magnificat (Lk 1,46–55), das grosse Lied von der Befreiung, ein literarisches Meisterstück mit vielen Anklängen an das Exodusbuch, an Psalmen, das Buch Judit, an den Propheten Habakuk und das Hannalied aus 1. Samuel 1,11. Daher vermute ich, dass der Schulabschluss nicht Mariams Problem war. Aber wie Rita brach sie auf und wir hören sie ein wunderbares Lied singen.

Mariam war schon früh verlobt wie die meisten jungen Mädchen damals. Für sie gab es nichts anderes als heiraten und viel, viel Arbeit. Das Singen kommt Mariam erst, nachdem sie einen Streifen Licht am Horizont gesehen hat und ahnt: «Alle Dinge sind möglich bei Gott.» (Lk 1,37). Es heisst, sie habe Engelbesuch gehabt.

Was sie gesehen, gehört, erlebt hat, lässt sie «auferstehen» (Lk 1,39) – denn hier wird dasselbe Verb wie in anderen Auferstehungsgeschichten verwendet. Sie bricht auf und verlässt ihr Dorf, wie Rita es auch getan hat. In diesem Moment beginnt eigentlich die Weihnachtsgeschichte, denn da öffnet sich der Himmel und alles erscheint nun möglich: ihr Aufbruch aus den engen Verhältnissen, ja, das junge Mädchen wird eine Prophetin. Sie hat jetzt eine Vision und die führt sie über das Gebirge zu Elisabet. Kaum ist Mariam da, regt sich auch in Elisabet neues Leben (Lk 1,44). Mariams Zuversicht steckt an. Die beiden fallen sich in die Arme und beginnen zu jubeln. Hier hat das Magnificat seinen Ort. Nun findet Mariam Worte für ein Lied, das von einer neuen Welt singt.

«Mächtige hat er von den Thronen gestürzt und Erniedrigte erhöht, Hungernde hat er mit Gutem gefüllt und Reiche leer weggeschickt» (Lk 1,52–53). Ähnliches haben schon Miriam (Ex 15,21), Hanna (1 Sam 1,11) und Judit (Jdt 16,13) gesungen.

Mariams Magnificat gehört für mich zu diesen besseren Liedern. Es singt vom offenen Himmel und öffnet ihn mir, wenn ich es lese oder singe. Nicht, dass ich gut singen würde. Darauf kommt es nicht an. Ich weiss auch nicht, wie schön Mariam sang. Aber vor Weihnachten treffe ich mich meist ein paar Mal mit zwei, drei Freundinnen und Freunden nach der Arbeit. Wir sitzen dann mit Kopien in der Hand beieinander und üben unsere Stimmen aus Leibeskräften.

Meine Tochter meinte einmal: «Immer, wenn ich heimkomme und euch beim Singen höre, erfüllt mich eine grosse Freude. Dann weiss ich, es ist schon bald Weihnachten.»

Hansueli Balmer

Weihnacht I

Lampedusa

300
ertrinken

kein Ochs
kein Esel
keine Krippe
kein Stall

das Neugeborene
in den Armen der Mutter
im dunklen Meer

es fehlt
der Stern
die Verheissung
die Musik
die Zuflucht

niemand bricht auf

und du
wo bist du

Weihnacht

Weihnacht II

Tanzend
kam das Kind
nicht zur Welt

damals

im Gedränge
der Menschen
Platz suchend
weit entfernt vom Zentrum
geschah es

Nacht
zerrissen
im Licht
unerwünschter Geburt
zeugt Geschichte
drängt zum Aufbruch

Hoffnung und Zweifel
Antrieb in einem

und

im Gedränge der Menschen
Platz suchend
ganz nah
das Kind

Tatsächlich schöne Weihnachten

«Du hast ja richtig andächtig der weihnachtlichen Musik ge-lauscht! Findest du das jetzt etwa schön?!» Das war das Erste, was meine Schwester Caroline sagte, als wir nach dem Gottes-dienst an Heiligabend hinaus in die regnerische Nacht traten. Spöttisch klang es. Fast ein bisschen ungehalten. Als hätte man ihr etwas Vertrautes weggenommen. Es stimmt schon. Sie kennt ihren Bruder nur so, dass er im Weihnachtsgottesdienst ungeduldig mit dem Fuss wippt. Rührige Weihnachtsstimmung hat mich bisher immer furchtbar zappelig gemacht. Dieses Jahr jedoch blieb ich irgendwie ruhig. Und das ist ihr natürlich auf-gefallen, der Beobachterin im alljährlichen Streit.

Meine Mutter liebt die Weihnachtsstimmung in der Kirche. Sie findet das so schön. Kerzenschein zu Trompetenklang und Choralmusik. Bach über alles. Je barocker desto heiler ihre Welt. Ich habe dieses ganze Weihnachtsgeschöne bisher fast nicht ausgehalten. Geschöne, ja. Schöne Weihnachten! Fröhli-che Weihnachten! Wird die Welt schöner und fröhlicher durch Kerzenschein und glockenhelle Töne? Was ist an Heiligabend heiler als an anderen Tagen?

Ich glaube zwar, es war gar nicht so sehr die Musik, die mich immer ungeduldig machte. Es war meine Mutter, die mich nervte. Weil sie das alles so schön findet. Und ich unecht. Mei-ne Schwester durchschaute diese Mutter-Sohn-Dynamik genau. Es lief jedes Mal gleich ab. Ich rutschte unruhig auf meiner

Bank hin und her. Meine Mutter warf mir ungehaltene Blicke zu. Ob der Störung ihres schönen Festes. Und Caroline schürte so lange, bis es Krach gab. Nur dieses Jahr hatte ich meinen Part nicht gespielt. Letzter Versuch: «Du hast ja richtig andächtig der weihnachtlichen Musik gelauscht! Findest du das jetzt etwa schön?!» Bingo. Meine Mutter sprang sofort darauf an und sagte giftig, wie jedes Jahr, der Mathias könne halt nicht schätzen, was schön sei. Ich zuckte nur die Schultern. «Es ist nicht meine Musik. Aber ich verstehe, dass sie für andere Weihnachten schön macht.» Ich genoss die erstaunte Stille auf dem Heimweg. Das war mein Weihnachten dieses Jahr.

Dabei hatte alles so angefangen wie immer im Advent. Jedenfalls war ich verstimmt wie immer. Es war mein erster Advent als frischgebackener Lehrer an der Sekundarschule, und ich hätte ihn am liebsten ausfallen lassen. Alles erinnerte mich verdächtig an zuhause. Ein Weihnachtskonzert mit Weihnachtsmarkt war geplant, natürlich! Kerzen, Musik, heile Welt. Muss das auch an der Schule sein? Der Rektor wollte es so. Das sei doch so schön. Was blieb mir übrig. Ich würde es irgendwie hinter mich bringen.

Doch Jugendlichen kann man nichts vormachen. Die haben das sofort gemerkt, dass meine Aufforderung, ein Klassenprojekt zum Weihnachtsmarkt beizusteuern, leicht aggressiv daher kam. Sie haben es aus mir herausgeholt. Ich habe meinen Schülern und Schülerinnen tatsächlich erklärt, was mich an Weihnachten nervt. Wenn ich mir das überlege: Es war das erste Mal, dass ich versuchte, meine Gefühle in Worte zu fassen. Beim Reden merkte ich, dass ich mit Advent und Weihnachten schon etwas anfangen kann. Dass ich mir mehr Frieden und Gerechtigkeit auf dieser Welt wünsche, weil Weihnachten

genau das für mich bedeutet. Nicht eine heile Welt ... Doch ...,
aber nicht eine oberflächliche. Eine ehrliche Welt. Nur, bei all
den Kerzen und Sternen und dem Geglitzer bekomme ich das
Gefühl, dass es um alles andere geht, nur nicht ums Wesent-
liche.

Ich kann nicht behaupten, dass sie alle meiner Meinung
waren. Aber ich war baff, dass sie mir gespannt zuhörten. So
entstand im Klassenzimmer die Idee, eine Ausstellung zu machen. Zu der jeder sein persönliches Weihnachtskunstwerk bei-
steuert. Nicht mit dem, was andere erwarten. Sondern mit dem,
was Weihnachten für jeden Einzelnen wirklich bedeutet.

Ich war stolz, als wir die entstandenen Kunstwerke im Foyer
aufhängten. Bis der Rektor, der Wyss, dazukam. «Das geht
nicht», sagte er. «Diese beiden Bilder da kann man an Weihnachten nicht aufhängen.» Ich war fassungslos. Es waren die
beiden, die mir am besten gefielen. Denn sie zeigten die Welt
ehrlich, in ihrer manchmal schmerzhaften Realität, so wie sie
nun mal ist, auch an Weihnachten. «Das Leben ist nicht immer schön!» Und der Rektor: «Schon möglich, aber ich fühle
mich verantwortlich für die Menschen, die dieses Foyer an
Weihnachten betreten, und diese Bilder lösen zu viel aus.» Das
war's. In sprachloser Wut hängte ich die beiden Bilder ab.

Dann die Nachricht, dass mein bester Freund im Sterben liegt.
Simon lebte in Hamburg. Ich hätte einen Tag schulfrei nehmen
müssen, um ihn noch einmal zu sehen. Ich erzählte es im Lehr-
erzimmer. Es ging mir nicht gut. Ich wusste schon lange, dass
er Krebs hatte, aber jetzt ging alles so schnell. Meine Kollegen
nahmen sehr warm Anteil. Tut uns leid. So ist das Leben. Nur
Rektor Wyss schaute mit undurchschaubarer Miene vor sich
auf den Tisch. Als ich nach der Pause schon halb aus der Tür

war, hielt er mich zurück: «Fahren Sie morgen. Ich übernehme die Vertretung für Sie.» Ich konnte gar nichts sagen, so schnell war er weg.

So bin ich gefahren. Und wusste nicht, was ich denken und fühlen sollte. Ich war ehrlich dankbar, dass ich so unverhofft zu meinem Freund fahren konnte. Und gleichzeitig war ich wütend, dass ich diesem Rektor, der das wahre Leben einfach abhängt, jetzt auch noch irgendwie dankbar sein sollte.

Für zwei Tage liess ich Rektor Wyss aber erstmal hinter mir. Ich fuhr zu Simon. Es war traurig zu wissen, dass wir unsere Pläne, die wir in der Studentenzeit geschmiedet hatten, nicht mehr gemeinsam würden umsetzen können. Ich hätte viel darum gegeben, noch länger bei ihm zu bleiben. Doch ich musste zurück. Zu dieser Schulweihnachtsfeier! Am liebsten hätte ich mich gedrückt. Kam extra etwas knapp und setzte mich rasch auf meinen reservierten Platz. Es kam mir eh alles unecht vor. Im Foyer hingen überall glitzernde Sterne von der Decke. Auf den Tischen lagen Reisig, Mandarinen, Mailänderli. Das Schulorchester spielte. Alles, wie es sein soll an Weihnachten. Wunderschön eben. Ich fühlte mich noch verlorener als sonst in dieser Stimmung. O du Fröhliche. Zum ersten Mal merkte ich selbst, wie ungeduldig ich auf dem Stuhl herumrutschte. Ich zwang mich still zu sitzen und suchte irgendwo Halt mit den Augen. An den Bildern meiner Ausstellung.

Es brauchte ziemlich lange, bis ich begriff, dass die Lücken fehlten. Meine beiden Bilder hingen, wo sie hängen sollten. Ich schaute zum Wyss hinüber. Er zeigte wie üblich keine grosse Regung. Nickte mir aber wie zur Bestätigung knapp zu.

Nach der Feier stand ich im Foyer, wie bestellt und nicht abgeholt. Klar, an Weihnachten haben alle anderes im Kopf, als sich um einen traurigen Junglehrer zu kümmern. «Wie geht es Ihrem Freund?», fragte da der Wyss, der plötzlich neben mir stand. Ich zögerte. Schluckte. Und dann kamen die Tränen. Ausgerechnet vor ihm. Ich schämte mich für diesen Gefühlsausbruch. Aber er sagte nur: «Wissen Sie, ich kann mir vorstellen, wie Ihnen zumute ist. Meine Tochter ist vor zwei Jahren an Krebs erkrankt.»

Für einen kurzen Augenblick blieb die Zeit stehen. Wie soll ich sagen? Es war, als hätten wir uns für einen Moment gegenseitig bis auf den Grund der Seele geschaut. Dann wandte er sich schnell ab mit seiner wieder unbeweglichen Miene. Ich fühlte mich berührt. Mehr als durch tausend Worte. Ein Augenblick von echtem Verstandensein.

An all das habe ich während des Weihnachtsgottesdienstes gedacht, als ich neben meiner Mutter sass und sie betrachtete, wie sie andächtig ihre barocke Musik hörte. Vielleicht ist es gar nicht so, dass sie die schöne Stimmung an Weihnachten braucht, weil sie zu oberflächlich ist für das wahre Leben. Vielleicht ist es ja so, dass sie die schöne Stimmung braucht, weil sie das wahre Leben schon zu tief hat kennen lernen müssen. Da konnte ich sie plötzlich besser verstehen.

Was hatte meine Schwester gefragt? «Du hast ja richtig andächtig der weihnachtlichen Musik gelauscht! Findest du das jetzt etwa schön?!»

Ich weiss nicht. Choralmusik werde ich wohl nie schön finden. Doch irgendetwas hat mich berührt, ehrlich gesagt. Und das macht Weihnachten tatsächlich schön.

Nassouh Toutoungi

Un chapelet de souvenirs

1ère perle : Noël chez les grands-parents à Accra au Ghana

Mes premiers souvenirs concernant Noël me ramènent à l'Afrique, au Ghana. Mes parents s'y sont rencontrés. Mami travaillait à l'ambassade suisse et Papi y vivait depuis quelques années et gérait avec ses parents une usine de papeterie qui deviendra plus tard une imprimerie de cahiers scolaires. Giddu (grand-papa en arabe) et Teita (grand-maman en arabe) fêtaient Noël dans leur grande villa du quartier huppé près du Kotoka International Airport. Après la prière de Maghrib (prière musulmane du soir), nous nous rassemblions autour du petit sapin posé sur un tabouret. Il était décoré de boules rouges et ne portait pas de bougies. Et ma famille se livrait à son passe-temps favori : discuter de tout et de rien en restant assis dans les canapés du vaste salon. Quand la discussion commençait à tourner court, nous nous mettions à table pour le souper. Sincèrement, à l'époque, je ne faisais pas le lien entre ce sapin et la fête chrétienne de Noël. Je ne le pouvais pas car je n'avais aucune connaissance du christianisme et de ses coutumes. Par contre, je ne me rappelle pas qu'il y ait eu une distribution de cadeaux ...

2ème perle : Noël chez les grands-parents à Berne en Suisse

Après avoir quitté le Ghana pour des raisons politiques, mes parents et moi nous retrouvons en Suisse : découverte du froid (je grelottais quand il faisait 18°C ...) et de la neige. Noël chez Grosi (grand-maman en schwyzerdütsch) et Päppu (grand-papa en schwyzerdütsch). J'y découvre une nouvelle dimension : les chants de Noël. Grosi adore le chant et elle tenait à ce que nous chantions des chants de Noël avant la distribution des cadeaux. D'ailleurs, quelle n'a pas été ma surprise de constater que les chants que nous chantions se retrouvaient aussi dans les célébrations chrétiennes ! Ce qui me touchait surtout, c'était les mélodies. Les textes de ces chants étaient surtout en allemand, donc pas toujours très faciles d'accès pour moi qui vivais en Valais romand. Mais ces mélodies m'accompagnent encore aujourd'hui : O du fröhliche, Adeste fideles, O douce nuit. Maintenant, j'ai la chance de comprendre le texte : que demander de plus ?

3ème perle : Noël en Valais dans ma famille

Ces Noëls ressemblaient un peu à celui que nous vivions chez mes grands-parents à Berne, mais la dimension musicale était moins appuyée. Mami aime bien la musique, mais elle est une piètre chanteuse. Alors, elle faisait ce qu'elle pouvait pour entonner un chant ou l'autre avant la distribution des cadeaux. Aussi loin que je m'en souvienne, j'ai toujours été un peu gêné par ses cadeaux; comme si c'était quelque chose d'obligé. Ca ne veut pas dire que je n'étais pas content de recevoir quelque chose en cadeau, mais faire un cadeau parce que c'est Noël, ça me chiffonnait.

4ème perle : Noël à l'église

En discutant avec des personnes qui ont vécu un parcours de conversion comme moi, j'ai constaté un point commun important entre nous : dans notre spiritualité, nous sommes très centrés

sur le Christ. Il est la porte qui nous donne accès au Père. Donc le moment de sa naissance est quelque chose de très important. Au fur et à mesure de mes lectures spirituelles, j'ai découvert cette phrase d'Angelus Silesius qui m'accompagne depuis : « Le Christ pourrait bien naître des milliers de fois à Bethléem, s'il ne naît en toi, ta perte est éternelle. » Cette phrase impérative peut faire peur. Je trouve beaucoup plus important de comprendre avec le cœur ce que cela veut dire : le Christ naît en moi. N'est-ce pas être porteur de paix et d'amour en quelque circonstance que ce soit ? La perle suivante montrera à quel point c'est difficile.

5ème perle : Noël 2004 au Liban

En compagnie de Grosi et de Mami, j'ai rendu visite à ma sœur qui faisait ses études à l'Université Hikmé à Beyrouth. Deux mois plus tard, le premier ministre libanais Rafiq Hariri se faisait assassiner, vraisemblablement par les forces syriennes présentes au Liban. Durant mon séjour, la tension était d'ores et déjà palpable : les gens des différentes communautés religieuses ne se connaissent pas ou très peu. Ils ont beaucoup d'a priori les uns sur les autres. Ils se prêtent des intentions qu'ils n'ont en général pas. C'est peut-être cela être porteur de paix : faire en sorte que les personnes apprennent à se connaître en tant que ce qu'elles sont, et ne pas rester cantonnés dans ses présupposés.

6ème perle : Noël en paroisse(s)

Depuis mon ordination en 2007 et jusqu'en 2011, j'ai travaillé dans trois paroisses en Suisse romande. Et j'ai célébré Noël alternativement à La Chaux-de-Fonds et à Genève. Le contraste est saisissant : d'un côté une ville extrêmement sécularisée qui se vide de la plupart de ses habitants lors de jours de fête, de l'autre une ville qui a maintenu un aspect très rural dans sa façon de fonctionner. A La Chaux-de-Fonds il est impensable de renoncer à la messe de minuit le 24 décembre : la tradition y est très ancrée. C'est une des messes les mieux fréquentées de toute l'année. A Genève, en revanche, c'est presque la désertification : les gens préfèrent rester en famille, et sortir dans le froid, tard dans la nuit demande une dose de motivation si importante que personne ne vient, tout simplement ! Alors qu'est-ce qu'on fait ? On tente de raviver une tradition disparue en maintenant cette messe de minuit, ou on essaie de la réinventer ? Depuis que je suis arrivé à Bienne, où la situation est similaire à Genève, mon idée était assez claire : pas de messe de minuit, mais une célébration festive avec les enfants du catéchisme à 17 heures. Et ça marche ! Les enfants et leurs familles viennent, et elles n'ont plus besoin de sortir tard dans la nuit de Noël pour la messe.

Suite du chapelet ...

Noël est une fête traditionnelle avec ses passages obligés, mais aussi une fête à réinventer et à réinvestir. Depuis deux millénaires, les chrétiens célèbrent la naissance du Sauveur dans le monde, mais le laissent-ils naître en eux ? C'est ce cheminement ô combien cahoteux mais extraordinaire que je souhaite à toutes les personnes pleines de bonne volonté.

Und siehe, ich bin bei euch

Weihnachten feiert man angemessen, wenn man es nicht feiert, so sagte er zu sich und zu den anderen. Möglichst profan, heidnisch, wie er es auch nannte. Denn Weihnachten war nicht leicht für ihn. Und er war davon überzeugt, dass es dieser besonderen Weise des Nicht-Feierns bedurfte, um Weihnachten gerecht zu werden: Diesem Fest, das die anderen mit der Familie verbrachten, den Menschen, die ihnen nahe waren und zu ihnen gehörten.

Er hatte keinen mehr. Jedenfalls keinen aus seiner Familie. Die waren alle tot. Nicht, dass sie deshalb an Weihnachten nicht da gewesen wären. Im Gegenteil, sie kamen zu ihm, gerade und immer an Weihnachten. Unweigerlich kamen sie zu ihm. Alle, die früher dabei waren, seine Mutter, seine Geschwister, sein Grossvater. Die, die damals an Heiligabend mit ihm unter dem Baum sassen, als alles noch normal war, vor dem Sterben. Sie kamen zu ihm an Weihnachten. Unaufgefordert. Und sie sassen mit ihm unter dem Baum. Und machten ihm das Herz schwer. Das würde auch heute so sein. Darauf stellte er sich ein, heute, am 24. Dezember. Und mit dem Profanen, dem Heidnischen, dem Nicht-Feiern konnte er der Trauer und der Sehnsucht nach der Normalität, die er nicht mehr hatte, aber die er hinter all den erleuchteten Fenstern jener Nacht sah, am besten begegnen.

Heiligabend war für ihn der eigentliche Weihnachtstag. Denn alles, was für ihn mit Weihnachten zu tun hatte, geschah dann.

Er spürte das Besondere dieses Tages von Anfang an und wollte sich dem hingeben. Den Tag einfach ignorieren und hingehen lassen, so tun, wie wenn es ein ganz normaler Tag wäre, wie jeder andere auch, das wollte er nicht. Er hatte es probiert, aber es funktionierte nicht. Und eigentlich wollte er es auch nicht. Im Grunde hielt er diesen Tag fest, damit er nicht auch ihn noch verlöre. So ging er in diesen Tag. Er hörte im Radio das Weihnachtsprogramm, er schmückte den Baum, ging in die Stadt, um geschäftige Menschen um sich herum zu haben. Wie immer kaufte er ein für ein Nachtessen, das er sich gönnen würde. Es sollte ihm guttun, so hoffte er, wie er es jedes Jahr hoffte.

Am Abend würde er dann für sich sein. An dem Abend, an dem alle für sich waren, in Gesellschaft oder allein – und die, die niemanden mehr hatten, ganz allein. Eingeladen hatte er niemanden, und auch keine Einladungen angenommen. Davon erhoffte er sich Mitleid, das allerdings nicht oft kam. Er hatte gelernt, dass es am besten war, wenn er allein war, wenn die kamen, die unweigerlich kommen würden. Unaufgefordert. Sie würden kommen, er würde mit ihnen zusammen sein, er würde weinen vor Trauer und Sehnsucht nach all dem Vergangenen, und dann würden sie wieder gehen, und es würde vorüber sein für dieses Jahr.

Auf dem Heimweg vom Einkaufen ging er an der Kirche vorbei, in der die Menschen schon Gottesdienst feierten. Er machte keinen Bogen um die Kirche, im Gegenteil, er wollte dort vorbei. Vielleicht war es Sehnsucht. Er hörte, dass gesungen wurde, und sah das Licht im Fenster. Es war sicher voll da drinnen. Er war froh, dass er nicht drinnen war. Er musste Weihnachten profan feiern. Nicht, dass er mit Gott gebrochen hätte. Das hatte damit gar nichts zu tun. Im Gegenteil. Gott sah ihn und wusste genau, wie es ihm ging, davon war er überzeugt. Und Gott würde verstehen, sich vielleicht sogar freuen, wenn jemand den Mut hatte, profan zu feiern, den Abend, an dem er, Gott ganz profan, zu den Menschen gekommen war, und den Abend, an dem trotzdem so viele Menschen traurig waren.

Das Essen war gut. Aber er ass es mehr, als dass er es genoss. Und den Wein trank er auch mehr, damit er wirke. Nach dem Essen war es so weit. Er setzte sich vor den Baum, und dann kamen sie. Er nahm sich Zeit für sie und weinte. Er wusste, dass es niemals mehr so sein würde wie damals. Er hätte sie gerne festgehalten und in sein Leben zurückgeholt, aber er wusste, dass das nicht möglich war. Es war eben so, wie es war. All das Vergangene. Er dachte auch daran, dass die Zeit alle Wunden heile. So weit war es bei ihm nicht, und er glaubte auch nicht, dass dieser Spruch hilft, sondern wie so viele Sprüche nur Hilflosigkeit beschreibt. Und Friede auf Erden. Auch ein Spruch. Friede den Seelen, das wünschte er sich.

Und als er eingeschlafen war, gingen auch die Engel, die bei ihm waren, den ganzen Tag schon. Bei ihm waren beim Radio Hören, beim Einkaufen, beim Vorbeigehen an der Kirche, beim Essen, und die mit ihm vor dem Weihnachtsbaum sassen und seine Gedanken hörten; die bei ihm waren, an diesem Tag, um ihn zu behüten, damit er mit seinen Füssen nicht an einen Stein stosse. Auch sie waren traurig, denn sie hätten gerne mehr für ihn getan. Nun gingen sie, um im nächsten Jahr wiederzukommen, um wieder bei ihm zu sein, bei ihm und allen Menschen seines Wohlgefallens.

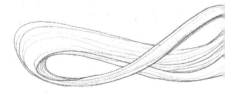

Philipp Koenig

Die drei Weisen aus dem Abendland

Kasduran Parasnathan

Divali ist mehr als Weihnachte. Grosse Fest. Geschenke, Licht, neue Kleider, neue Jahr. Hier in Schweiz so dunkel. Sri Lanka anders. Europa im Winter, am Morge aufstehe: immer dunkel. *Divali* macht hell. Wie Weihnachte, aber mehr. Lampe anzünde in Fenster, in Türe, überall. Kerze, Birne, Kette von Licht überall. Lakshmi zu Besuch, bringe Glück, Wohlstand, ganze Familie. Und Vishnu schütze Haus mit Kette von Licht.

Vishnu ist Gott. Komme auf Erde. Als Rama, als Krishna, als Buddha, als Christus. Immer wieder komme zu uns. *Avatara* nicht fertig. *Avatara* immer wieder komme zu uns. Jede Geburt kann *Avatara* sein. Vishnu komme auf Erde.

Geburt von Tochter war schwer Geburt. Sehr schwer. Lang, lang, bis komme, viel Schmerze. Aber dann, nach Stunde, Stunde – Tochter da. Wunder. Alle zusamme war eins. Ich Mutter, Tochter lebe, mini Mann bei mir.

Geburt von Sohn war schneller. Geburt von dritte Kind? Komme nächste Jahr.

Arbeit bei Heimuhobbi in Betlehem. An Kasse, darf sitze jetz. «Nicht einräume mit dicke Buuch», hat Scheff gseit, «nume sitze!». Isch guete Scheff. Streng und guet. Schreib Karte bei Geburt von Tochter, bei Geburt von Sohn. Alle Kolleg unterschreib. Fast alle.

Freue mi auf Weihnachte. Ich frei, mini Maa frei. Ich viel schlafe und nächste Jahr komme dritte Kind. Weihnachte sehr schön. Viel Lichter überall, in Strasse, in Hüser, in Geschäft. Geschenke, Familie, Esse. Mini Muetter koche. Ich mit Kinder spiele. Fernseh luege. Weihnachte wie *Divali*. Ein bizli. Licht, Vishnu kommt, Lakshmi kommt, Rama kommt, Christus kommt. *Divali* grosse Fest, Weihnachte grosse Fest. Aber *Divali* ist mehr als Weihnachte.

Malik Orta

Jeschua war ein guter Mensch. Er hat geteilt und geheilt. Ein Vorbild. Aber er hat nicht alle geheilt. Hunderte von Aussätzigen sind Schlange gestanden, bevor Jeschua sich müde davonmachte. Tausende von Krüppeln hatten niemanden, der sie zum Heiler schleppen konnte. Jeschua wurde hingerichtet, aber hat er eine einzige Hinrichtung seither verhindert? In China? In Russland? In den USA? Im römischen Reich liessen die Caesaren Tausende hinrichten, Tausende von Unschuldigen starben am Kreuz. Im Dritten Reich wurden Millionen von Juden vergast. Das wissen alle. Aber es geht nicht um uns Juden. Es geht um die Menschen.

Politisch ist Jeschua ohne Bedeutung. Seine Geburt feiern? Finde ich ebenso unnötig, wie seinen Tod feiern. Jeschua hat die Welt nicht erlöst. Wir warten weiterhin auf die Erlösung. Erlösung betrifft die ganze Menschheit – oder niemanden.

Damit die Welt gerechter wird, braucht es mehr als einen Jeschua. Es braucht viele Jesüsser und Jesae, Hunderte, Tausende.

Nein, erlöst ist hier kein Mensch – und weshalb gerade die Geburt von Jeschua eine neue Zeitrechnung einläuten soll, sehe ich nicht ein. Der Auszug aus Ägypten wäre geeigneter. Die Befreiung aus dem Sklavenhaus. Weg von den Fleischtöpfen. Quer

durch die Wüste. Ins gelobte Land, wo Milch und Honig fliesst, wo wir noch nicht angekommen sind. Die Menschheit irrt noch immer in der Wüste umher, auf der Suche nach den Honigtöpfen, weil an den Fleischtöpfen nur wenige Platz haben. Damals begann eine neue Zeit, ein Volk brach auf, nicht ein Einzelkämpfer, nicht ein einzelner Held, der als Verlierer endete.

Wer Weihnachten feiert, feiert eine Illusion. Die Illusion, dass die Welt schon erlöst sei. Und noch eine Illusion: dass die Welt durch einen einzelnen Menschen erlöst werden könne.

Ich feiere Weihnachten nicht. *Chanukka* schon. An *Chanukka* zünden wir jeden Tag eine Kerze mehr an. Wir erinnern uns an den Aufstand der Makkabäer gegen die Römer. Ein Volk kämpft für seine Befreiung. Wenn es einen Messias gibt, dann wird er durch ein Volk kommen, durch viele Völker. Die Befreiung aller Völker aus dem Sklavenhaus – das wird der Messias sein.

Wir hoffen auf den Messias. Wir warten auf ihn, sehnsüchtig. Mit jeder Kerze, die wir anzünden am *Chanukka*-Leuchter wird es heller. Aber die Dunkelheit ist noch nicht vertrieben. Das Licht der Welt kommt erst.

Barak Al-Thasa

Es gibt nur Menschen – und Gott. Griechische Halbgötter gibt es nicht. Göttersöhne gibt es nicht. Gott hat keine Kinder, nur *Rasulim*, Gesandte. Alle *Rasulim* sind wichtig. Alle sind gleich wichtig. Adam ist gleich wichtig wie Nuuh, gleich wichtig wie Ibrahim, wie Ismail, wie Ijob, wie Musa, wie David, wie Isa, wie Muhammad, *salla-llahu 'alaihi wa salam*. Alle sind gleich wichtig. Du musst nicht die Stirn runzeln! Es ist nur anders als bei euch.

Alle Gesandten haben eine Besonderheit: Adam war der erste Mensch, Musa brachte die zehn Gebote, Isa wurde von einer Jungfrau geboren. Das gilt nur von Isa. Von der Jungfrau Mariam, so steht es im *Quran*. Mariam war die Schwester von Aaron. Aaron war der Bruder von Musa. Musa war folglich der Bruder der Mutter von Isa. Alles klar? Alle sind eine Familie!

Aber Weihnachten? Nein. Wir feiern *Bairam*. Es ist das grösste Fest für uns. Wir essen Schaffleisch und teilen mit Verwandten und Armen. An *Bairam* feiern wir: Gott ist gross. *Allahu akbar*. Gott ist barmherzig. Ibrahim hob seine Hand mit dem Messer, um seinen Sohn Ismail zu töten. Da hielt Gott Ibrahims Hand fest. Stopp, sagte Gott, nicht töten! Töte deinen Sohn nicht! Töten ist falsch. Gott ist gross.

Bairam ist wie Weihnachten: Es gibt Geschenke für die Kinder, feines Essen, wir besuchen die älteren Leute, Verwandte, Bekannte und so weiter. Einfach ein grosses Fest. Am Morgen gehen alle in die Moschee. Es gibt ein spezielles Gebet, nachher gratulieren wir einander, umarmen uns. Daheim gibts dann ein spezielles Mittagessen. Schaffleisch muss nicht sein. Bei uns gibts jeweils Koteletts.

Weihnachten feiern wir ähnlich wie *Bairam*. Mit vielen Geschenken, viel Essen, viele Besuche. Das ist alles okay. Aber dass Isa in einer Krippe liegt und angebetet wird von Mariam, von den Hirten, von den Königen, von Josef, das gefällt mir nicht. Isa war ein Mensch. Einen Menschen soll man nicht anbeten. Nur Gott. Gott ist kein Bébé. Gott ist anders als der Stein der *Ka'aba* in Mekka. Gott ist anders als eine schöne Verzierung oder ein schöner Buchstabe. Gott ist anders als ein lieber Mensch. Gott ist anders als Liebe. Anders.

Gott ist nah, näher als meine Halsschlagader. Aber Gott ist kein Mensch. Gott ist immer anders! Als meine Vorstellung. Total anders. Alles klar? – Du musst nicht so viel denken. Du musst leben.

Marc van Wijnkoop Lüthi

Aufbruch

Seit 2000 Jahren ist es unterwegs, das Jesuskind. Tönt abgehoben, ich weiss. Aber ich werde die Sache nicht los.

Ein Freund von mir ... Ein Freund von mir – über ihn müsste ich länger erzählen, über Name und Adresse und Schuhnummer hinaus. Er ist in jeder Hinsicht aussergewöhnlich, unangepasst, hat die Manieren einer Kalaschnikow und das Herz eines Engels, ist religionsgeschädigt bis an den Twannbach hinunter und wieder zurück. Er schlich sich einst, in unseren jungen Beziehungstagen, von hinten und nächtens ans Pfarrhaus heran und erschreckte mich mit Feuerspucken und seinem scharfen süssen Hund. Er hat schreckliche und macht schöne Sachen, buchstabiert die Welt durch und nimmt mich mit.

Ein Freund von mir ... schenkt mir eines Tages ein Bild. Ein Weihnachtsbild. Ein Holzschnitt ist es, Querformat, ein Stück Weg auf Papier gebannt, arabisch zu lesen, von rechts nach

links, ein Zeitstrahl. Eine Strasse läuft durch, schnurgerade, topfeben, rabenschwarz. Auf und hinter der Strasse dann das, was mich bewegt und bannt, beides aufs Mal. Das Bild, Jahrgang 1983, ist signiert mit M. Zünd, ein noch knapp googlebarer Künstler des 20. Jahrhunderts, Rheintaler, ein schräger Vogel, auch er.

Am Anfang, rechts, halb abgeschnitten, eine Wagenachse, das eine Rad noch dran, rollend vielleicht, das andere auf dem Rücken liegend auf der Strasse (kann ein Rad auf dem Rücken liegen? Ja, dieses schon). Am Strassenrand ein blattloser Baumstumpf, dahinter kriegsversehrte Häuser. Kein Datum weit und breit. Aber ich Mitteleuropäer sehe Deutschlands Städte fallen. Andere sehen Hütten und Blocks in Palästina, in Mexiko, in Vietnam.

Am Ende, links, Steine auf dem Asphalt, Pflastersteine wohl, aber nicht exakt verlegt, sondern kantig, bedrohlich, frisch geworfen oder Stolperfallen. Kakteen wachsen auf dem Weg – oder Natostacheldrahtverhauwirrwarr. Kein Durchkommen in Sicht. Und auch hier die Strasse gesäumt, von einem steinschleuderförmigen Kaktus, daneben eine Armee: behelmt die Männer, mit aufgepflanzten Bajonetten, in Präsentierstellung, leere Stecknadelaugen schwarz auf mich gerichtet. Vier sind zu sehen – vier Millionen dürften es sein, mindestens. Die Uniformen diffus und klar – sie passen überall hin, wo Angst regiert. Syrien? Ukraine? Wenn ihr lest, zittern andere schon, fliesst frisches Blut.

Ich stehe zwischendrin, zwischen den Ruinen von gestern und den Gewehren von morgen. Mir bleiben Wahl und Wege: Augen schliessen. Das Bild gegen die Wand drehen. Einen Tee trinken gehen, Ostfriesenmischung, mit Kluntjes unten und Rahm obenauf, Inbegriff von Gemütlichkeit und Dachfirstgeborgenheit.

Mittendrin aber sind drei unterwegs auf dieser schnurgeraden Strasse namens Zeit, nach dem Rad und vor den Pflastersteinen, mittendrin, im Zentrum des Bildes und präzis in meiner Gegenwart. Ein Mann mit Hut auf dem Kopf und Zimmermannswerkzeug auf dem Rücken schiebt sein Rad, ein vorgestriges Modell mit runder Lampe vorne und einem merkwürdigen schwarzen Viereckfleck hinten – ein Schweizer Nummernschild? Er geht gebeugt, zieht schwere Last. Eine Deichsel führt zum Karren hinter ihm, überladen, eine Notfallhaushaltung drauf mit zitterfingrigem Rechen, einem umgedrehten Stuhl, Gepäckbündel. Auf der Kante vorne sitzt die Frau, mit Kopftuch, still, schockstill womöglich, in sich gekehrt, den Blick asphaltwärts. Auf ihren Knien das Kind, Stirnfransen, offener Blick, fast keck, mit einer Puppe in den Händen. Den Schluss macht hinten, angebunden am Karren, die zottelige Ziege. – Alles ist in schwarzweisses Licht getaucht vom Mond, dem vollen. Und quer über den schwarzen Himmel zieht sich die Schrift: «Seit zweitausend Jahren unterwegs und noch nicht am Ziel.»

Seit zweitausend Jahren ist es unterwegs, das Jesuskind. Täglich. Überall. Das Bild irritiert, ärgert, fasziniert, fesselt mich. Es zerrt mich vom Karussell des Kirchenjahrs in die punktscharfe Gegenwart, legt Weihnachtszeit und -zauber in Schutt und Asche, zwingt mich vom Weihnachtsgeschichtenschreibtischdämmerabend auf die unwetteroffene Asphaltstrasse und fordert meinen Schritt, mein Wort, meine Hand.

Eine Weihnachtsgeschichte sollte es werden. Ein Seufzer ist es geworden, gewürzt mit Lust zum Teilen und einer Prise Wut über mailänderliteigsatte Seelen wie meine manchmal. Zum Glück gibt es Freunde, mit Manieren einer Kalaschnikow und dem Herz eines Engels. Ich breche auf.

Nachwort

24 neue Weihnachtsgeschichten: Gibt es ein Fazit? Mir drängen sich drei Einblicke auf. Zum Ersten spiegeln diese Geschichten die Verschiedenartigkeit unserer Weihnachtskulturen: in Stadt und Land, bei Jung und Alt, in frommen und säkularen Kreisen, bei Frau und Mann, deutsch und französisch. Die allgemeine Diversifizierung der kirchlichen und säkularen Milieus hat sich selbstverständlich auch in den Weihnachtsgeschichten gezeigt. Manche Texte lassen direkt die Region, das Wohnquartier oder das Milieu der Autorin, des Autors erkennen.

Verschiedenartig sind auch die Arten des Erzählens, die Gattungen. Der Gemütvolle klagt im Gedicht über das Grauen in der Welt und sehnt sich nach der Wärme von Weihnachten. Der säkulare Skeptiker berichtet kühl von einem Nicht-Heiligabend. Da gibt es persönlich-biografische Erinnerungen, spirituelle Erfahrungen. Die Reich-Gottes-Parabel vom Samen, der zum Baum wird, unter dem der alte Grossvater Abschied nehmen kann, weil er den Enkel (wie Simeon den Jesus) «gesehen» hat. Da gibt es drei Berichte über eine Maria: die eine schwangere unverheiratete Moira/Maria in kalter Gesellschaft mit ungewissem Ausgang, der andern bringt die Geburt ihres Sohnes Wärme und Versöhnung – eine Weihnachtsgeschichte mitten im Jahr; die dritte Maria bricht aus und bricht auf. Da gibt es sprachliche Versuche, Splitter, persönlich-reflexive Betrachtungen.

Alle Autoren verarbeiten, zum Zweiten, Beobachtetes, Erlebtes, Gelesenes, Gedachtes, Gefühltes in ihrem Text. Die Erzählungen sind selbstverständlich bewusst erfunden und konstruiert – wie alle Literatur. Einige berühren unser Herz mehr als andere. Das mag damit zusammenhängen, wie weit die Autorin, der Autor einer äusseren Form und Vorgabe der klassischen Weihnachtsgeschichte folgt oder ihre eigenen existenziellen Erfahrungen in das Schreiben mit aufnimmt. Ich vermute, je tiefer solche Erfahrungen im Text abgelagert – nicht unbedingt: im Text ausdrücklich formuliert – sind, desto stärker können sie einen berühren.

Was bleibt, zum Dritten, inhaltlich? Ich bemerke Bemerkenswertes. Die klassischen «sozialen Weihnachtsgeschichten» erzählen, dass für ein armes Menschenkind in Not «doch noch irgendwie» wunderbar Weihnachten wird.[1] Einige beziehen sich auf die Bedeutung von Weihnachten als Wärme des Familienfestes – oder Auseinandersetzung damit. Einige skizzieren ambivalente Stimmungen im adventlichen Vorfeld und am Heiligabend. Weihnachten sei Wärme und Familie und Liebe.

Die Orientierung von Weihnachten auf Familie hin ist offensichtlich. Mir stellen sich dazu Fragen. Wie «funktioniert» Weihnachten, wenn in der Familie keine Wärme tröstet, wenn für den Einsamen Weihnachten vorbei ist, wenn der Zweifler oder die Verzweifelte keine Antwort erhält? Wie ist das für Menschen, die ohne Familie leben, zu keiner Zugang haben, oder in Familien mit unversöhntem Zwist? Wird damit der Familie oder den Familienfragmenten der Moderne nicht eine religiöse Aufgabe übertragen, die sie letztlich überfordert? Vielleicht ist es ein Ausdruck

---

1   Eine berühmte klassische Weihnachtserzählung ist: Adalbert Stifter, Bergkristall, 1845.

dieses Problems, wenn von unsern 24 Geschichten sich nur etwa 6 direkt auf die familiäre Weihnachtsfeier beziehen.

Die Theologiestimme in mir fragt: Wo ist in diesen Weihnachtsgeschichten Gott? Gott kommt kaum mehr vor. Wie ist das einzuschätzen? Ist er auch uns Pfarrerinnen und Pfarrern abhandengekommen?

«Und an Jesus Christus, seinen eingeborenen Sohn»,[2] bekennt das Apostolische Glaubensbekenntnis. «Welt ging verloren, Christ ist geboren». «Christ der Retter ist da.» «Gott wird Mensch: dir Mensch zugute / Gottes Kind, das verbindt sich mit unserm Blute.» «Gottes Sohn ist Mensch geborn.» «Dass Gott mit euch ist worden ein.» «Wahr' Mensch und wahrer Gott, hilft uns aus allem Leide, rettet von Sünd und Tod.» Und so weiter – singen wir in den Weihnachtsliedern.

Dieses Thema der Menschwerdung (Inkarnation) Gottes wird in unsern Weihnachtsgeschichten kaum erkennbar. Ist sie verlagert, verborgen, vergessen, verschwunden, verleugnet, verraten? Können wir Gott im damaligen Jesuskind, Gott im Weihnachtsevangelium nicht mehr ernsthaft glauben? Nicht mehr auf unsere heutige Wirklichkeit beziehen? Bezeichnet dies eine grundsätzliche Mühe mit der Inkarnationstheologie? Ich suche Antworten in einer praktisch-theologischen und einer systematischen Richtung.

Maurice Baumann, emeritierter Professor für Praktische Theologie der Uni Bern, diskutiert im Sammelband «Weihnachten – Familienritual zwischen Tradition und Kreativität»[3] Befunde

---

2   Zu den folgenden Zitaten: Gesangbuch der Evangelisch-reformierten Kirchen der deutschsprachigen Schweiz, Basel/Zürich 1998, Nr. 263 sowie ab Nr. 389ff.

3   Maurice Baumann, Roland Hauri (Hg.), Weihnachten – Familienritual zwischen Tradition und Kreativität, Stuttgart 2008, S. 197ff.

aus empirischen Befragungen von (ausschliesslich) Familien über Weihnachten. Weihnachten ist – seit der Entstehung des familiären Festes im 19. Jahrhundert – vor allem ein Familienritual geworden: Es ist «gelebte Religiosität», ein Ritual, «deren Hauptmerkmale gefühlsorientierte Erlebnisse und die Erfahrung der Kraft einer unbestimmten Transzendenz sind. [...] Die Familie steht nun im Zentrum des Rituals und verdrängt das theologische Dogma.»[4] In diesen Ritualen sind sieben Themen erkennbar: eine unbestimmte Religiosität, eine Distanz zu den bekannten Symbolen resp. zu deren traditionellen Inhalten, eine Entkirchlichung, eine emotionale Dominanz, eine Kreativität der Familien, ein lokaler Gegenwartsbezug und schliesslich eine soziale Effizienz. Die familiäre Religiosität zwischen Tradition und Kreativität führt zur Vielfalt verschiedener Formen und Familien-Erzählungen.

Diese Vielfalt vergleicht Baumann mit der Vielfalt von Einzelerzählungen, die historisch erkennbar hinter den beiden Weihnachtslegenden Lukas 2,1–20 und Matthäus 1,1–23 stehen. Diese Einzelerzählungen oder Erzählfragmente, die frühchristliche Hausgemeinden und Gruppierungen einander erzählt haben, speisen sich aus «Mythen, Legenden, Volkserzählungen und Motive(n) aus verschiedenen religiösen Traditionen». Insofern sind sie keine Einheit, sondern tragen «polymorphe und sogar polytheistische Züge».[5]

Diese biblischen, offenen Weihnachtserzählfragmente finden, so Baumann, in den heutigen vielfältigen, offenen Familien-Weihnachtselementen eine Entsprechung oder Resonanz. Im Grunde könne die (Praktische) Theologie heute nur noch mit

---

4   A.a.O., S. 197.
5   A.a.O., S. 206.

und in derartigen Fragmenten arbeiten. Die Zeit der grossen christlichen «Erzählungen», der geschlossenen Dogmen und Systeme sei vorbei.

Dazu passen, denke ich, unsere 24 Weihnachtsgeschichten: auch diese sind Fragmente, Einzelerzählungen, die sich in vielfältiger Weise, direkt oder indirekt, auf Weihnachten und damit auf eine postmoderne Religiosität beziehen – und darin auch auf eine immanente Transzendenz.

«Gott vagabundiert im menschlichen Geschwätz und in den Erzählfragmenten, die von Überlebensstrategien und Lebenshypothesen berichten.»[6] Denn im Grunde erzählen diese Fragmente unserer Tradition «von der Menschwerdung Gottes. Über dieses Paradox, das uns mal erzählt worden ist, sollen wir nicht schweigen.»

Das führt mich zum nächsten Gedanken, zurück zum theologischen Fundament von Weihnachten: der Menschwerdung Gottes. «Gott wird Mensch, wirklicher Mensch. Während wir uns bemühen, über unser Menschsein hinauszuwachsen, [...] wird Gott Mensch, und wir müssen erkennen, dass Gott will, dass auch wir Menschen, wirkliche Menschen seien. Während wir unterscheiden zwischen Frommen und Gottlosen, Guten und Bösen, Edlen und Gemeinen, liebt Gott unterschiedslos den wirklichen Menschen.»[7] Für Dietrich Bonhoeffer (1906–1945) ist die Inkarnation, die Menschwerdung Gottes in Christi Geburt, Grundlage für sein Denken über den «gegenwärtigen Christus»,

---

6   A.a.O., S. 213.
7   Dietrich Bonhoeffer, Ethik, München 1949, S. 76. – Für Bonhoeffer ist übrigens auch das Fragmentarische des Lebens eine wichtige Erfahrung gewesen; vgl. Widerstand und Ergebung, München 1951, S. 153f. («... dann wollen wir uns auch über das fragmentarische Leben nicht beklagen, sondern daran sogar froh werden.»)

insbesondere für seine Ethik. «In Jesus Christus ist die Wirklichkeit Gottes in die Wirklichkeit dieser Welt eingegangen.»[8]

Heinrich Ott, der frühere Professor für Systematik in Basel (1929–2013), folgert daraus: Für Bonhoeffer begründet die Inkarnation die Lehre vom Sein, die Ontologie. «Menschliche Existenz ist als das, was sie ist, nicht ohne Gott. Dies ist nicht ‹von Natur›, nicht ‹notwendig› so – aber es ist faktisch so: kraft der Fleischwerdung des Wortes.»[9] Die Inkarnation bedeutet ein «Ineinander-Verschränktsein von göttlicher und menschlicher Wirklichkeit». Das Sein selbst ist «seit Christus» von Gott getragen und durchdrungen. Ott entwickelt daraus eine christologische Ontologie oder ontologische Christologie.

Das mag für heutige Ohren spekulativ tönen. Aber die Bedeutung ist konkret: dass wir Christus nicht als einen Fremden, der von aussen kommt, verkündigen müssen. «Nicht das ‹Christus-annehmen-Müssen› haben wir zu predigen [...]. Vielmehr das ‹Schon-da-Sein Christi›»[10] in der Welt hätten wir in den konkreten Situationen zu zeigen. Immer schon sind sie da: die Liebe, die Verfehlung, die Vergebung, die Freiheit, die Verantwortung, der Widerstand, das Tun, die Ergebung, der Lebensruf, die Hoffnung. Diese sind zu benennen – so die bekannte Forderung Bonhoeffers – in einer «nicht-religiösen Interpretation», also in einer Interpretation, die das bruchstückhafte (fragmentarische) Leben der Menschen, ihre Existenz mit ihren Ängsten, Leiden und Hoffnungen, in säkularer Sprache erzählt.

Von hier aus blicke ich zurück auf unsere 24 Weihnachtsgeschichten. Auch wenn sie nicht alle ausdrücklich von Gott,

---

8   A.a.O., S. 207

9   Heinricht Ott, Wirklichkeit und Glaube, Bd. I, Zum theologischen Erbe Dietrich Bonhoeffers, Zürich 1966, S. 374.

10 A.a.O., S. 381.

von der Menschwerdung Gottes im Kind Jesus sprechen: Sie erzählen doch, finde ich, auf dem Fundament der Inkarnation, konkret und fragmentarisch von der Wärme in kalten Zeiten, von den klein-grossen Wundern des Lebens, von der vielfältigen Spielfreude und Kraft mit biblischen Stoffen und in neuen Sprachformen – und weisen darin auf das verborgene Dasein Gottes in der Welt hin.

Conradin Conzetti

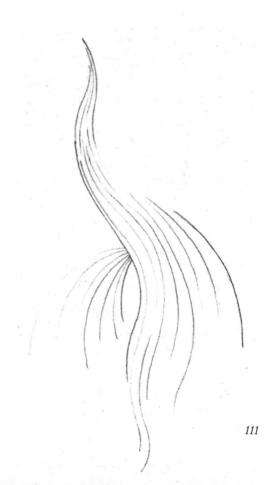

Verzeichnis der Autorinnen und Autoren

Affolter, Brigitte
1954, reformierte Pfarrerin in der Kirchgemeinde Pilgerweg Bielersee.

Allemand, Beat
1976, reformierter Pfarrer am Berner Münster.

Balmer, Hansueli
1946, reformierter Pfarrer, pensioniert, Supervisor, in Gross-affoltern BE.

Conzetti, Conradin
1943, reformierter Pfarrer, pensioniert, in Bern; Erwachsenen-bildung.

Flury-Schölch, Alexandra
1971, reformierte Pfarrerin in der Kirchgemeinde Solothurn, Schwerpunkt Erwachsene und Kultur.

Graf, Michael
1965, reformierter Pfarrer in Kirchlindach BE.

Heimlicher, Nadja
1984, reformierte Pfarrerin in Hilterfingen, Assistentin an der theologischen Fakultät der Universität Bern, studierte in Bern und Athen.

Hubacher, Daniel
1966, reformierter Pfarrer in der Kirchgemeinde Wohlen bei Bern.

Kocher, Hermann
1955, reformierter Pfarrer in Langnau i. E., Supervisor, engagiert in der Weiterbildung von Pfarrerinnen und Pfarrern.

Koenig, Philipp
1966, reformierter Pfarrer in der Kirchgemeinde Bern-Bümpliz.

Lüscher, Daniel
1967, reformierter Pfarrer in der Kirchgemeinde Münchenbuch-see-Moosseedorf BE.

Pedroli, Marco
1949, pasteur réformé retraité, anciennement pasteur à Berne, Bienne et Nidau BE.

Pollmeier, Melanie
1972, reformierte Pfarrerin in der Kirchgemeinde Kander-grund-Kandersteg BE.

Sutter Rehmann, Luzia
1960, Theologin, Arbeitskreis für Zeitfragen Biel, Titularprofes-sorin für Neues Testament (Universität Basel).

Rothacher-Reusser, Cédric
1971, reformierter Pfarrer in Langenthal BE.

Rottler, Steffen
1964, reformierter Pfarrer und Autor, Bern.

Rouèche, Stéphane
1968, pasteur de la paroisse de Diesse, Lamboing, Prêles BE.

Schwarz, Martina
1976, reformierte Pfarrerin in der Kirchgemeinde Johannes Bern.

Schwarzen, Hermann
1943, römisch-katholischer Theologe und ehemaliger Gemeindeleiter der Pfarrei Christ-König in Biel – Mett.

Spöcker, Vera
1961, Heilpädagogin, Kolumnistin für «reformiert.», ehrenamtlich engagiert in der Kirchgemeinde Pilgerweg Bielersee, Ligerz BE.

Toutoungi, Nassouh
1978, curé des paroisses catholiques-chrétiennes de Bienne et de Saint-Imier.

Trachsel, Ursula
1961, Erwachsenenbildnerin und Nonprofit-Managerin, arbeitet bei den gesamtkirchlichen Diensten der reformierten Kirchen Bern-Jura-Solothurn.

van Wijnkoop Lüthi, Marc
1963, reformierter Pfarrer in der Kirchgemeinde Pilgerweg Bielersee.

Zellmeyer-Hügli, Liza
1968, Pfarrerin in den christkatholischen Kirchgemeinden Allschwil-Schönenbuch und Birsigtal (BL), vorher lic. phil. hist. (vergleichende Religionswissenschaften und Geschichte).